論語章句

毛起 著

中山大學出版社

版權所有　翻印必究

圖書在版編目（CIP）數據

論語章句/毛起著. —廣州：中山大學出版社，2017.9

ISBN 978-7-306-06121-8

Ⅰ. ①論…　Ⅱ. ①毛…　Ⅲ. ①儒家　②《論語》—注釋　Ⅳ. ①B222.22

中國版本圖書館 CIP 數據核字（2017）第 179835 號

出 版 人：徐　勁
策劃編輯：章　偉
責任編輯：章　偉
封面設計：林綿華
責任校對：趙　婷
責任技編：何雅濤
出版發行：中山大學出版社
電　　話：編輯部 020-84111996，84113349，84111997，84110779
　　　　　發行部 020-84111998，84111981，84111160
地　　址：廣州市新港西路 135 號
郵　　編：510275　傳　真：020-84036565
網　　址：http://www.zsup.com.cn　E-mail：zdcbs@mail.sysu.edu.cn
印 刷 者：佛山市浩文彩色印刷有限公司
規　　格：889mm×1194mm　1/32　12.625 印張　185 千字
版次印次：2017 年 9 月第 1 版　2017 年 9 月第 1 次印刷
定　　價：44.80 元

如發現本書因印裝質量影響閱讀，請與出版社發行部聯繫調換

作者摄于一九三七年

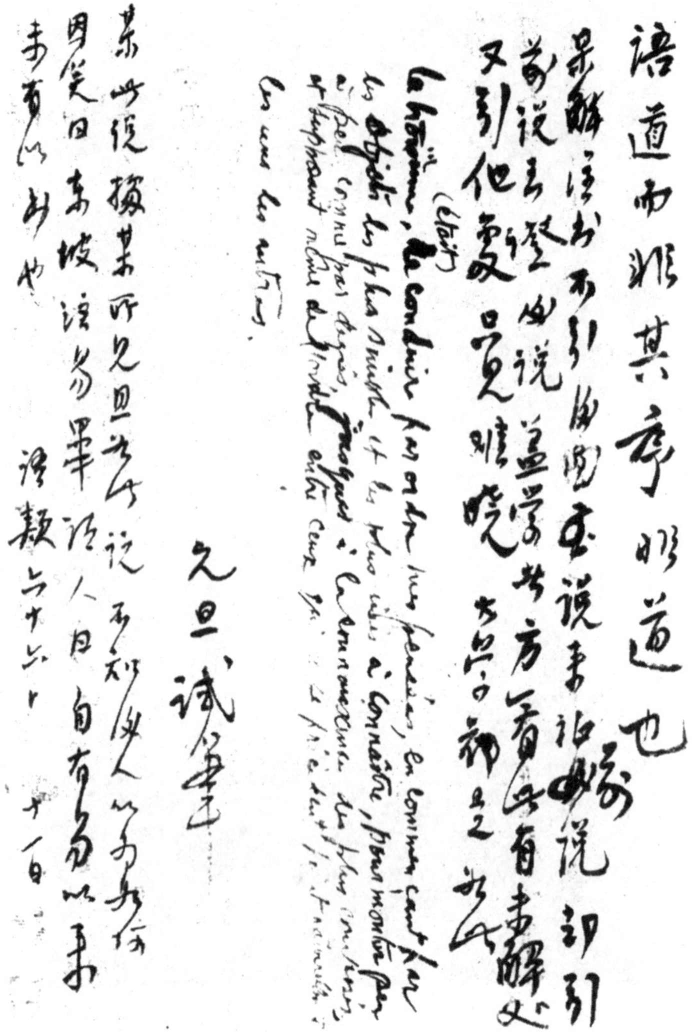

语道而非其亭明道也

是解注云而引伸圆本说书非如说却引
前说云经如说蓝学步方管无有走解处
又引伯亶曰觉难晓无会可解之处

（略）

La Raison, la conduire [illegible French manuscript text]

元旦试笔

某此便摄其所见旦书记无耶使人为参伍
因笑曰东坡语多军话人自有馬以来
未有此批也

语颍二十六日 廿日

毛起（一八九九——一九六一），字無止，浙江定海人。一九一五年入寧波效實中學。一九一九年，進上海聖約翰大學，攻讀哲學。一九二四年赴美國哥倫比亞大學留學。一年後轉赴法國巴黎大學深造，獲碩士學位。一九三〇年應邀至廣州中山大學任教。一九三一年轉赴杭州浙江大學。在杭州期間曾出版《春秋總論初稿》和《諸子論二集》。一九三七年代表浙江大學赴法國參加第九屆國際哲學會議，宣讀論文 *L'Immédiat dans les sciences historiques*（《歷史科學的直接材料》），爲會上唯一發表論文的中國代表。一九三九年受聘於上海暨南大學。一九四一年十二月，日軍佔領租界，遂居家潛心研註《論語》。抗日戰爭勝利後，重回浙江大學執教。一年後又回上海暨南大學。一九四八年八月，應第十屆國際哲學會議邀請，寄去 *Deux principes fondamentaux du Confucianisme*（《儒學的兩個基本原則》）一文。次年任上海復旦大學歷史系教授。一九五二年，任教於南京大學外文系。一九六一年八月病逝，遺《論语章句》稿。

目　錄

序 …………………………………………………… 1

凡　例 ……………………………………………… 1

卷一　學而篇 ……………………………………… 1

卷二　爲政篇 ……………………………………… 10

卷三　八佾篇 ……………………………………… 21

卷四　里仁篇 ……………………………………… 34

卷五　公冶長篇 …………………………………… 43

卷六　雍也篇 ……………………………………… 55

卷七　述而篇 ……………………………………… 68

卷八　泰伯篇 ……………………………………… 82

卷九　子罕篇 ……………………………………… 92

卷十　鄉黨篇 ……………………………………… 107

卷十一　先進篇 …………………………………… 119

卷十二　顏淵篇 …………………………………… 135

卷十三　子路篇	149
卷十四　憲問篇	164
卷十五　衛靈公篇	185
卷十六　季氏篇	199
卷十七　陽貨篇	210
卷十八　微子篇	224
卷十九　子張篇	234
卷二十　堯曰篇	245
各卷附錄	250

附發表于第九屆（一九三七年）和第十屆
　（一九四八年）國際哲學會議上的論文兩篇：

（一）*L'Immédiat dans les sciences historiques* ⋯⋯⋯⋯ 332

《歷史科學的直接材料》（譯文）⋯⋯⋯⋯⋯⋯⋯⋯⋯ 346

（二）*Deux principes fondamentaux du Confucianisme*

⋯⋯⋯⋯⋯⋯⋯⋯⋯⋯⋯⋯⋯⋯⋯⋯⋯⋯⋯⋯⋯⋯ 356

《儒學的兩個基本原則》（譯文）⋯⋯⋯⋯⋯⋯⋯⋯⋯ 367

後記（1）⋯⋯⋯⋯⋯⋯⋯⋯⋯⋯⋯⋯⋯⋯⋯⋯⋯⋯ 375

後記（2）⋯⋯⋯⋯⋯⋯⋯⋯⋯⋯⋯⋯⋯⋯⋯⋯⋯⋯ 378

序

孔子，天下萬世之師也。某自就傅即深喜之，及長，涉獵百家，遍於東西，迄未見一人足與孔子並，此一信念遂愈益加強而不可動搖焉。某之理由異常簡單，即以為孔子有言論，有行動，乃古今哲人中之最積極者，遠較其他之有言論即無行動，或者有行動即無言論者為適於吾人之效法耳。而孔子之所以積極之原因，則在於其之特重政治。孔子標舉其人生之的之全德之人也，不只着眼於人之倫理性，止於自成，管自家之事而已，而更着眼於人之政治性，還以成人，管衆人之事焉。此一點者，孔子之特識，值得吾人之加意者也。

何以言孔子最重政治耶？孔子曰："君子上達，小人下達。"何謂達？達者，仕進也，即從事於政治之謂也。以達為君子之所尚，則其重要不可知乎。孔子自道，終稱其學不厭而教不倦，此似與政治無關，而一按其實，則孔子之學與教全是政治也。其教之為政治，此觀於其問答中之多論士，論從政而可知者也。曰："志於道……"何謂道？則治國平天下之法而已矣。曾子曰："君子以文會友，以友輔仁。"此謂孔子以文籍教同志，以同志輔人主也，則更將孔子教育目的之為政治完全揭出矣。其學也，亦無非是政治也。其戒子夏曰："汝為君子儒，無為小人儒。"儒，學人也。小人儒者，學以為講誦，著述之資；而君子儒則學以為政治之地者矣。此非專為弟子言之也，孔子自身亦如此耳。孔子之好學，可謂甚矣，其所學，可謂博矣。顏淵論之曰："仰之彌高，鑽之彌堅，瞻之在前，忽焉在後，夫子循循然。"此謂孔子之學上極三光，下極黃土，過去冥冥，現在昭昭，空間也，時間也，兩間所有，無不孜孜研究之也。此真可謂為一大學人矣，然而孔子猶自嘆曰："莫我知也夫……下學而上達，知我者其天乎！"謂："我鄙下學問，尊尚仕進，人間無有知我者。"此言也，非確將孔子之不有政治，終覺欠缺之心情完全道出乎。故如孔子之意者，一個人必須將人之政治性發展，發展至於無可再發展之地步，然後方可稱為全德之人而無愧耳。全德之人必須有如下節所述之氣象。

子貢曰："如有博施於民，而能濟衆，何如可謂仁乎?"子曰:"何事於仁,必也聖乎,堯舜其猶病諸。夫仁者,己欲立而立人,己欲達而達人,能近取譬,可謂仁之方也已。"此人也,必須有仁,能博施濟衆;必須有智,能近取譬。能近取譬者,能實行忠恕之道也。忠者,體認自己之欲與不欲也。恕者,將自己所體認者推而及之於人也。此人能知己欲立,欲達,是能忠也。能立人,達人,是能恕也。既有仁,又有智,超越常人,賢於堯舜,是乃大人也。此即全德之人矣。

此最高標的者,孔子不徒以之為最高標的談談說說而已,彼乃急起而直追,其一生之行事即此最高標的之奮鬥實現史也。

孔子以貧賤之身,毫無勢位之可憑,而毅然以民胞物與為懷,率其弟子列干氏邦,希望能實行其道以拯斯民於沈溺焉。拘囚於匡,被逐於宋,淹滯於齊衛,絕食於陳蔡,險阻艱難,無不備嘗,而孔子迄不少為挫,依然鍥而不舍,知其不可為而為之,此其願力、毅力為何如耶?惜乎至其晚年,身老力衰,旋返故國,不能更有作為,而只得將其道著述講說,期以傳於天下萬世矣。其全德之人之理想飄忽而消逝,只剩得一句宰我"以予觀於夫子,賢於堯舜遠矣"之空言,與夫後世素王之稱謂而已矣。

孔子道雖不行，而其精神則彪炳萬世、後人於無窮也。其言"鳥獸不可與同群，吾非斯人之徒與而誰與哉？天下有道，丘不與易也。"此言也，其音蒼涼，其情淒清。某自童幼聽得此聲，至今猶覺其在空中蕩漾也。時而為之沮喪，為之唏噓；時而為之感發，為之奮起。讀者乎，孔子者，世上哲人之最有人性者也。欲認識之，當先於此處着眼耳。某則自聞孟子"乃所願，則學孔子也"之言，即無保留的表其同情焉。

記載孔子思想、行為之書，周秦兩漢多有之，其中之最古而最可信者，自以《論語》為首屈一指矣。特此書所記並非孔子思想之全耳。此可於劉向、班固所言而推明之者也。劉、班之言曰："《論語》者，孔子應答弟子、時人，及弟子相與言而接聞於夫子之語也。當時弟子各有所記，夫子既卒，門人相與輯而論撰，謂之《論語》。"是可見《論語》內容在門人未輯而論撰之前已經存在，並非門人多人始行撰著之者也。門人所為者，無非將多人所記載之孔子言行彙集之而論撰之耳。然則論撰二字何謂乎？論撰者，論選也。論選者，經討論而選取也。此謂門人將多人所記彙集之，而選取之耳。

所謂謂之《論語》者，工作完成後，定其結集之名為孔子之選語云爾。故《論語》者，孔子言語之選集，而非其全集也。其性質無以異於《二程粹言》、《白沙語要》等書也。惟其為選集，故吾人不能在《論語》中得見孔子萬物之說，禮制之議，與史事之論焉。欲知孔子此等思想，還須於別處求之矣。

《論語》論選者論選之範圍，專在於孔子之人生思想。人生思想者，自是孔子思想之最傑出部份。論選者能舉而出之，是其識見亦殊值得吾人之稱道也。特吾人猶有不能已於言者，則論選者在其指定之範圍內，竟將所應采取者不與采取耳。《孟子》所引孔子之語頗有不見於《論語》者，他且不論，且舉此條："孔子曰：'操則存，舍則亡，出入無時，莫知其鄉，惟心之謂與。'"此言也，乃為孔子一切思想之精髓，此必見於孔氏弟子之書也無疑，而論選者論選之時，乃竟予以刊落，是直築塔而不結頂，畫龍而不點睛，論選者之識見於是又成問題矣。

《論語》自經公選後，文字解釋即發生異同。至於漢朝，乃先有《魯論》與《齊論》之異。過後，又有二論與《古論》之異。學者各有所主，不相雜廁。前漢張禹會合齊、魯二論，定為一本，稱《張侯論》，盛行於漢世，此為打破魯、齊家法之始。後漢鄭玄又以

《張論》為本，更考齊、古，訂為一本而註釋之，此為打破《古論》家法之始。《鄭論》出後，有反對之者，魏之何晏乃取《張論》，采鄭玄等各家之說，造為《集解》。其書，梁之皇侃疏之，其文繁冗，其說蕪雜。宋之邢昺乃重疏之，刊落雜說，文歸潔淨。南宋朱熹好言性理，即用邢本而作《集註》。自《集註》出，《論語》之文字與解釋始歸大定。近千年來，言《論語》者，無不折衷於朱子，不復更提何晏矣。但降至清朝，反動又起，漢學者興，厭薄宋儒之性理，喜尋古學之舊義，對於朱子駁難蜂起。在此風氣中之產物，厥為劉寶楠之《正義》，蓋何氏之第三疏也。此書毫無義解，考證而已，欲代《集註》，瞠乎後矣。故今日者，《論語》之局勢乃宋學動搖，漢學回照，新說未立，而實學將起之候也。

某生性拘滯，好求甚解，幼習《論語》，自無問題，弱冠以後，迄以得解為苦。一篇之中，未能得其文，未能得其意，與未能得其理者，比比而是，前人之說鮮有能與指示，而使其豁然開悟者，沈悶甚矣。其後，曾試以己意更定文字，改立解說，但亦不過就其犖犖大者，條記所感而已，並未有意於註全書也。一九四一年，太平洋之戰爆發，學校閉門，匿居無事，因始起意，欲註全書。乃定書名，草凡例，動手做去，期於《論語》有所效力焉。但以問題艱難，資性愚鈍，工作殊未能迅速進行，今年稍得暇日，始將書稿整理一過，於是此書粗粗就緒焉。明知擿埴索塗，難免入於歧途，故初擬將此稿排印，分送友人請教，而後再付印行；後以此議不能實行，現乃只得將此付與書店，刊而佈之，以普遍的求正於有道焉。如此則得益或可更多耳。

　　此書目的實事求是，所欲為者，無非在將《論語》解得文字從順，意義連貫，合於孔子之精神而已。讀者若肯依此目標，賜以指正，使某得循其途轍而更向前邁進，則非特某一人之幸，抑亦《論語》之幸也。

一九六〇年於上海

凡 例

1. 此書本子用通行本即朱子《集註》本。
2. 此書用兩種字體：正文用宋體，關於正文者用楷體。註文和各卷附錄各用字號略小的宋體和楷體。
3. 每章之首以阿拉伯數字冠之。
4. 章內有數節，每節分行排之，不緊接於前節之下。
5. 章內文字各加標點符號。
6. 正文須上下移動者用鉤乙之記號"⌐⌑"，加於應移動之字句上。如：

$$\boxed{雖車馬，}\ \boxed{非祭肉，}\ 不拜。$$

7. 正文須刪去者，用圓圈"○"加于應刪之字上。如：

知和而和，不以禮節之，亦不ⓒ可
行也。

8. 正文須增加者用方框"□"，加於所增加之字上。如：

$$\boxed{求}益者与？$$

9. 正文之字須校正或須改讀者，在該字下加黑點；其所舉以替代之字則加以圓括號置於原字之後。如：

禮（醴）之用和爲貴。

10. 註文置於正文之中，名、動實詞如此，語助、虛詞亦如此。如：

其爲人也孝弟，而則好犯上者鮮矣。

名、動詞詞義亦即註於正文之中。全句文義則註於本文之下。如：

君子不重（动）行則不威。君子，有位者。行，行動也，作爲也。君子無所作爲，則無威勢，人不畏懼。

11. 出註之處，或在字下，或在讀下，或在句下，目的是避免重複，爭取簡明。

12. 此書之後別有各卷附錄，所以收納在章句內不能記錄之事項。如詞義之出處與章句分斷之所本等等。但通常之字義見於劉淇之《助辭辨略》，王引之之《經傳釋詞》，楊樹達之《詞詮》，裴學海之《古書虛字集釋》者則不詳引條文，而只註以見某書，避累贅也。

13. 某自己之見解之論證則不暇詳說，《論語》本文具在，抑亦不必詳說乎。

14. 標於章首右上方的☆號示意讀者：關於該章，在書後附錄中，附有必要的解說。讀者若遇該章註解有可疑之處，依其篇章檢視附錄即可。

卷一 學而篇

1.1 子曰：學而時習之，不亦說乎？說，述也。亦，助詞。讀書而時時復習之，不亦明其義而循行之乎。

有（友）朋自遠方並來，不亦樂（敩）教乎？同志曰友，同門曰朋。友指弟子、小子。朋指門人。遠方友朋並來門下，不教誨之乎？弟子、小子教以道，門人教以藝，學禮於大樹，教射於矍相之圃等是。

人不知而與不慍蘊，不亦君（群）子（之）乎？群字殘闕被誤讀爲君字。子通之。蘊，積蓄也。不蘊，言不足也。群，會合也。無知之人與不足之人不會合之乎。此章乃孔子自道其一生所常自省之事也。一對己，二對友，三對衆人。著者對於本章還另有一解，也錄在下面。

1.1☆ 子曰：學而時習之，不亦說乎？

說，音悅，商朝之相傅說也。其人好學不倦，《書經·說命》篇記其言，曰："惟學，遜志，務時敏。"務時敏，當謂時時勉力，即是學而時習之意。此孔子自以好學不倦，有似傅說，而謂自己是傅說也。**有（友）朋自遠方並來。不亦樂（洛）乎？**洛，洛陽也。洛陽在周時爲天下之中，四方之士群趨之。孔子以其門下爲四方之士之所趨，有似於洛，而謂自己門下是洛也。此章見孔子之幽默。

人不知而不愠，不亦君子乎？此章應別是一章，章首脫言者主名。愠，怒也。君子，有德者之稱。人不知己，能不愠怒者，是有德之君子也。

1.2 ☆ **有子曰：**有子，孔子弟子，名若。**其爲人也孝弟（悌），**孝悌，善事父母兄弟。**而**則**好犯上者鮮矣。**上指家族尊長。干犯，用言語。**不好犯上，而好作亂者，未之有也。**作亂，對國家爲悖逆爭鬥之事。作亂，用武器。

君子務事**本，本立而**則**道**治**生。** 二句蓋古語。君子，有位者之稱。言君子宜從事於根本。根本若立則治化可出。

孝弟（悌）也者**者，其爲**治**仁（人）之本與（歟）！** 孝弟之人，其爲治天下之本乎。

1.3 **子曰：巧言令色鮮矣仁**實。巧言令色猶花言巧語，眉恭眼笑也。仁是果核中之實，指人之真心。此言以巧言令色接人者，務以悅人是徒有其表而內中少有情實也。

1.4 ☆ **曾子曰：** 曾子，孔子弟子，名參。**吾日三（參）省吾身。** 參，伍也，猶言錯綜也。吾每日以下列之事錯綜參伍省察自己。**爲人謀而不忠乎？** 忠，盡心也。**與朋友交而不信乎？** 信，守言也。**傳不習乎？** 傳業於人應自己先學習而未學習乎？

1.5 **子曰：道（導）**教**千乘之國，** 以下列各事教導千乘之國。**敬**急**事而信，** 急速於做事，而以誠實出之，不涉於草率。**節用而愛人**，節用，不奢侈浪費，但人民有需，還是愛而施與之。**使民**人**以時**。時，暇日也。使民作事，必以暇日，不妨奪農務也。

1.6 ☆ **子曰：弟子**！呼弟子而告。**入則孝，出則弟**（悌）**，謹而**汝**信，**謹慎汝言語之信用。**汎愛衆而親仁**仁人。仁人，全德之人。一般之人泛愛之，全德之人，親愛之。**行有餘力，則以學文**。行，治事也，指禮、樂、射、御、書、數等。文，文籍也，指《詩》《書》《春秋》等。治事畢，尚有餘力，則以讀書。

1.7 ☆ **子夏曰：**子夏，孔子弟子卜商也。**賢**（臤貝）**娶**目**賢易色**貌；娶婦，能以賢德易美色。**事父母，能竭其力；事君，能致其身**；致其身，委其身也。謂以身許國，危難則死之。**與朋友交，言而有信；雖曰**是**未學，吾必謂之學矣**。學，讀書也。如此之人，雖未曾讀書，我也必謂其已讀書矣。蓋讀書之目的，無非爲行，而彼已有此四行，是已將讀書之目的達到矣。

1.8 ☆ 子曰：君子不重（動）行則不威。君子，有位者。動，行也。行，作爲也。君子無所作爲，則無威勢，人不畏懼。不學則不固堅定。不讀書則意思不決，意志不定也。

1.9 ☆ 子曰：主忠信。主，尚也。言行以忠信爲尚。

無友不如己者。不如己者，不類己者也。指不同道者。

過則勿憚改。

此應別爲一章，章首補子曰二字。

1.10 ☆ 曾子曰：慎（順）終追遠，民德歸厚矣。終，老死曰終。慎終，在父母喪時，致謹於衣衾棺椁等也。追遠，追祭其歷代祖先也。人能慎終追遠，則其德歸厚，以其能知己身之所出，而起其感激之情也。孔子不甚重祭祀，以後，儒家却大重之，其轉機蓋在曾子也。

1.11 ☆ **子禽問於子貢曰：**子禽，陳亢也。子貢，端木賜也，皆孔子弟子。**夫子至於是(氏)邦也必聞(知)其政。**氏，大夫之家。邦，諸侯之國。孔子所至之處，必知其國之政事。**求之與(也)抑(而)，(豈)與之與(歟)？**此是孔子自己向人求得之乎，還是氏邦之人說與之乎？

子貢曰：夫子溫良恭儉讓(推)以得之。夫子之(是=)若求之也(耶)，其諸(亦)異乎人之求之與(歟)也。子貢意謂孔子之知氏邦之政事既非孔子向人君求之，亦非人君爲孔子言之。孔子之知乃由其國人之溫良恭儉推知其國君之政之溫良恭儉也。汝將謂此亦是求乎，但孔子之此種求法有異於常人之求也。蓋常人只重口說，而孔子則更註意於事實之表現耳。

1.12 **子曰：父在觀其志，父沒觀其行，三年無改於父之道可謂孝**

矣。父在子無行事，惟有志向而已，故不能觀其行，而只能觀其志。父死則子有行，可以觀其行矣。但必多觀幾年，不可即行下斷，若父死之後，子能多年不改於其父所行之善道，則可謂孝也。

1.13 ☆ **有子曰：禮（醴）之用**功用**和爲貴**。醴，辦酒也。辦酒貴在和合主賓在一處，在一桌，不另分桌。饗醴之功用最可貴者爲能和合人衆。和合所謂聯絡感情也。**先王之道，斯爲美**。從前明王之道以斯爲善矣。斯，指醴之用和爲貴。但前王主分桌，主賓各一桌，《儀禮》所謂公側受醴也。**小大由**行**之，有所不行**可。但小事大事皆行此分桌則有不能行通之時，以肆筵設席，其費不貲也。有子之意，以爲大事宜行之，而小事則不必。有子此言即發揮孔子"醴，與其奢也寧儉"之教。**知和而和，不以禮節之，亦不㉠行**可**也**。若知醴貴和遂一味在和而不以禮儀節制之，主賓合桌，更無尊卑上下之分，則亦不可，因爲無禮儀必將男女雜遝，進退無度，日夜縱飲，直至放蕩淫逸而無所底止也。

1.14 ☆ 有子曰：信近於義，言可（歌）復重也。信，可信守之言也。復，重也，加重之意。此謂信之要點。可信守之言乃近於義，即合於義者也。言，長言之或發揮之之意。長言之或發揮之，與歌唱之乃加重之者也。恭近於禮，遠（迂）恥（趨）辱（縟）飾也。迂，盤旋回翔也。趨，登降趨進也。縟，飾也。此謂恭敬之要點乃在近於合禮，回翔趨進，乃是裝飾之者也。

1.15 ☆ 子曰：因（姻）不失其親，亦可宗長=久也。姻，婚姻也，指配合之男女而言。親，愛也。謂男女配合之後，若不失其相互間之愛，則可以長久也。

1.16 子曰：君子食無求飽，居無求安，敏於事辦事敏疾而慎於言，就有道而正焉，有道，有德之人。正，問其是非也。可謂好學也已。

1.17 ☆ 子貢曰：貧而無諂卑屈，富而無驕矜肆，何如？

子曰：可也。善矣，而未盡善也。未若貧而好樂，富而好禮者也。能好禮樂則盡善矣。以樂能發揮性情，使人忘貧；禮能節制性情，使人忘富。異於無諂無驕之尚有貧富之見存也。

子貢曰：詩云："如切如磋，如琢如磨。"其斯之謂為與(歟)！切磋琢磨，加工之意。言當更用功以行貧而好樂，富而好禮之教也。

子曰：賜也，始可與言詩已矣。告諸(者)往而知來者也。孔子"貧而好樂，富而好禮"二語蓋是古詩。孔子引詩以告，子貢亦引詩以對。詩貴贈答，而子貢能之，故孔子謂其可以言詩矣。往來猶贈答也。

1.18　子曰：不患人之不己知，患不知人也。人不知己，無損於己，何患？若不知人，則與之往來，或將大受其害，故宜患之也。

卷二　爲政篇

2.1 ☆ 子曰：爲政以而德（直）當，譬如北辰北極居其所居於中，而衆星共（拱）之。而直，言得當也。居其所，謂居中也。爲政而得當也，其象猶如北辰居於中，而衆星環繞之。言有主有從，秩序井然也。

此言政治之理想結果也。

2.2 ☆ 子曰：《詩》三百，一言以蔽斷之，曰："思無邪。"《詩》，《詩經》也。《詩經》不止三百篇，言三百者，舉其大數也。"思無邪"，《魯頌·駉》篇之辭。言三百篇數雖多，可以一言斷之，即"思無邪"。邪，回曲也。言三百篇之作風皆是直寫衷曲，意盡而止，無所隱匿，亦無所矯僞也。

2.3 ☆ 子曰：道（導）之以政（征），齊（濟）成之以刑，民免（勉）暴

而無恥。導之，謂先之也。征，稅捐也。濟，成也，謂終之也。先之以稅捐，終之以刑罰，謂先伸手要錢，不肯，則加以刑罰。如此，則民必變而爲強暴且無恥矣。

道（導）之以德，齊（濟）成**之以禮，有恥且格**。德，恩德也，施與也。先之以施與，成之以禮義，謂先出手助人，不知感激，則再加禮義以教訓之。如此，則民有羞恥之心，而且感奮興起，思所以自效矣。

2.4 ☆ **子曰：吾十有（又）五，而**乃**志於學**。此章孔子自道其學業演進之歷史也。十五歲乃志於爲學。學兼指讀書與施教。

三十而乃**立**定。三十歲時，以教學爲終生事業之志乃確定。此前迫於生計爲委吏、乘田、習御，不得專事於傳文，到此才確定。

四十而乃**不惑**煩惱。四十歲時乃不煩惱。

五十而乃**知天命**。五十歲時乃知天命，知窮通治亂，一切皆出於天之所使，乃能順天命，怨也，尤也，無所用之。

六十而乃耳（爾）此順。此，指上文天命。六十歲時，知一套行一套至此才克服。知命之效十年乃見，可見造命之士爲順命之士之難矣。

七十而乃從心，所欲不逾矩法度。七十歲時乃隨心而行，心之所欲，盡是合理之事，不逾越法度矣。

2.5 ☆ 孟懿子問孝。孟懿子，孔子弟子，魯大夫仲孫氏，名何忌。慈惠愛民曰孝，此問乃問爲人上者愛人民之道。

子曰：無違去。去，棄而去之也。無棄去之，即爲愛民矣。

樊遲御。樊遲，孔子弟子樊須也。御，爲孔子掌車也。

子告之曰：孟孫問孝於我，孟孫即仲孫也。我對曰：無違。

樊遲曰：何謂爲也（耶）？問然則如何方爲不棄乎。

子曰：生事使之以禮，死葬之以禮，祭之以禮。生時，以禮役使之，使民以時；死時，以禮安葬之，與以棺椁，而不委棄之於溝壑之意。蓋欲以君卿大夫之禮普施於士庶也。

"祭之以禮"句，曾子所加也，應予刪去。曾子一加此句，於是此章之意之爲君卿愛民者遂變而爲兒子之孝父母矣。

2.6 ☆ **孟武伯問孝**。懿子之子仲孫彘也。此亦問愛人民之道也。

子曰：父母唯其疾之憂。父母，指民之父母，指在位者也。言爲民之父母者應以人民之疾苦爲慮。

2.7 ☆ **子游問孝**。子游，孔子弟子言偃也。

子曰：今之孝者是只**謂能養**，养，與以飲食也。今人孝者只謂能供奉父母飲食者爲孝。

至（鷙）於與犬馬皆能有養，鷙，禽鷙也。禽，該鳥獸言，指猛獸猛鳥，如虎兕鷹鸇之屬，乃是難得珍異之物也。犬馬乃是玩好之物。於此等動物，人亦能與之供養。**不敬**，但無敬心以將之。**何以別乎？** 則人子之養親與其養玩好之物有何異乎？此言養親之不可無敬也。

2.8 ☆ 子夏問孝。

子曰：色（塞）實難，孝之事實難。有事，弟子服其勞，服勞，操勞也。有酒，食先生饌餕，先生，父兄也，餕，食之餘也。曾乃是（視）以爲孝乎？有勞役則弟子供之，有酒食則父兄居先，此極易事，而汝乃視以爲孝乎？子夏問時，蓋即以此爲孝，故孔子反質之。

2.9 ☆ 子曰：吾與回言，回，孔子弟子顏淵也。終日不違，如愚；回於孔子之言默而誌之，不致詰難，似是愚笨無知者。退而省其私，亦則足能以有發，回也不愚。私，獨居時也。及退而省察其獨居之時，則見其於所聞之言頗能有所發揮，然後知其不愚也。

2.10 ☆ 子曰：視其所以爲，以，爲也。先看其行爲。觀其所由從，所從，其行爲之理由也。再看其爲何而爲之。察（瞭）其所安樂，所安，行爲之心安理得者。三看其行爲之是否出於內心之所欲樂。**人焉廋_匿哉？人焉廋_匿哉？**以此三法觀人，則其人無處隱匿矣。言其人如何，完全可以了然也。

2.11 ☆ **子曰：温（蘊）_積故而_且知新，可以爲師矣**。積聚古事，且知新事，即能博通古今者，此人也可以爲人之師也。

2.12 ☆ **子曰：君子不器（氣）_怒**。君子不怒者，以一切事物皆有其繁雜之成因，非可倉卒而變動，若一不如意，輒對之發怒，則非特於事無補，且於己身有大害也。孔子不怨天，不尤人。

2.13 ☆ **子貢問君子**。此問君子用人之法應如何也。君子，有位者也。

子曰：先行_試其言，而後從_{聽信}之。必先試用其言，而後再聽信之。

2.14 **子曰：君子周_徧而不比_偏；小人比_偏而不周_徧**。此言君子、小人對人之態度之不同也。君子徧而不偏。君子着眼於全體，而不着眼於一部也。小人則反是。蓋一公而一私也。

2.15 子曰：學而不思則罔迷罔，思而不學則殆疑。學，讀書也。思，求理也。只讀書而不求理，則腦中只有事實而打不出主意，入於迷罔之境矣。若只求理而不讀書，則覺事事都似可行，而打不定主意，入於疑殆之境矣。

2.16 子曰：攻治乎異端，斯害也已。異端，怪異之事也，指卜筮星相等等。治此者，乃禍害也。以其將導人於迷信而離正理也。

2.17 ☆ 子曰：由，誨女（汝）知（志）記之乎？由，孔子弟子子路也。志，記也。我教汝，汝其記之。知之爲（謂）知之，不知爲（謂）不知，是知（智）也。已知之，則謂知之；己不知，則謂不知，如實而說是乃智也。蓋子路好勇，頗有強不知以爲知之先，故孔子戒之。

2.18 ☆ 子張學（問）干禄。子張，孔子弟子顓孫師也。干，求也。禄，仕者之俸也。子張問求禄之道。

子曰：多聞闕疑，慎言其餘，

則寡尤過。宜多其所聞焉。多聞之中，將可疑者闕而不提。無可疑者，又謹慎而言之，如此，則可以少過失矣。**多見闕殆**疑，**慎行其餘，則寡悔**。宜多其所見焉。多見之中，將可疑者闕而不行，其餘無可疑者，又謹慎而行之，如此，則可以少悔恨矣。**言寡尤，行寡悔，禄在其中矣**。言能寡尤，行能寡悔，雖非直接得禄之道，但得禄之道亦不外於是焉。

2.19 ☆ **哀公問曰：何爲則民服？** 哀公，魯君，名蔣。問君欲使民服，宜爲何事。

孔子對曰：舉直錯（措）置**諸**之於**枉，則民服；舉枉錯（措）**置**諸**之於**直，則民不服**。舉正直之人置之於邪曲者之上，則民服矣。反之，則民不服矣。

2.20 ☆ **季康子問：使民敬、忠以**與**勸**勉**，如之何？** 季康子，魯大夫季孫肥也。問如何而能致此三者。

子曰：臨之以莊則敬。以嚴肅臨民，則民敬君矣。**孝**養慈（之）**則忠**。君能養民，則民忠於君矣。**舉善而教不能則勸**。君能用善人，而教不能者，則民勉於爲善矣。

2.21 ☆ **或謂孔子曰：子奚不爲政？** 此蓋孔子晚年自衛返魯以後之事也。問孔子何不出仕。**子曰：《書》云："孝乎惟**其孝**（考），友於兄弟，施**行**於有政。"是亦爲政，奚其**必**爲爲**有**政？** 《書》，《書經》也。三句見《君陳》篇而文略異。乃周成王策命周公之子君陳之詞也。考，指周公。兄弟，指伯禽。有政，指當時之執政者。謂君陳對父母能孝，對兄弟能友，其言又能爲當時執政者所聽用也。孔子引《書》主旨乃在後句。意謂我雖不爲政，但魯國若有大事，有政者必來問我，聽我意見，是我之言能行於有政，我已在爲政矣，何必更去爲有政之人乎。

2.22 **子曰：人而無信，不知其可也。** 言言不誠實，不可信用之人，吾不知其如何在世上過去也。**大車無輗，小車無軏。其**

何以行之哉？大車，牛車也。小車，馬車也。輗，轅端上橫木以縛牛之軛者。軏，轅端上曲木以鉤馬之衡者。此猶大小車之無輗軏將不能行也。以輗軏爲比者，以輗与軏乃大車、小車與牛、馬相交接之具，猶信爲人與人相交接之具也。所謂言行，君子之樞機也。兩者作用相同，故以作譬。

2.23 ☆ 子張問：十（下）世可知也（耶）？下世，猶後世也；此問禮制也。子張見孔子以前世之禮爲可知而追求也，因問後世之禮亦可以知乎？

子曰：殷因於夏禮，所損益，可知也。周因於殷禮，所損益，可知也。其或有繼周者，雖百世亦可知也矣。殷在夏後，殷禮乃因襲夏禮，就夏禮而增減者耳，增減之處，現在可以知之。周在殷後，周禮乃因襲殷禮，就殷禮而增減者耳，增減之處，現在亦可以知之。同樣理由，則周之後世之禮亦必是從周禮而出，就周禮而增減之耳，故其增減之處，將來亦可以知之也。不但周後一世之禮可知，即周後百世之禮亦可知也。此處孔子所言，其實只是方法方面，原則方面。以後實際之增減究是如何不能於事先推定。但以孔子從周禮，以爲周禮兼采二代，"郁郁乎文哉"，已到至善至美之地步，故相信以後世代有作，不能遠離於周禮耳。

2.24 ☆ 子曰：非其鬼而祭之，諂也。非其鬼，謂一切淫祀之對象，非其父祖之鬼也。非其父祖而祭之，則並非追遠而是求媚也。

見義不爲，無勇也。義者，所宜爲也，勇者必爲之。見義而不爲，則是無勇也。

此章似爲臧文仲而發。文仲祀海鳥爰居，是祭非其鬼。不舉柳下惠，是見義不爲也。

卷三　八佾篇

3.1 ☆ 孔子謂_論季氏，八佾舞於庭。是可忍也，孰不可忍也（耶）？佾，舞者之行列也。八佾，八列也。一列八人。八佾，六十四人。舊禮，天子八佾，諸侯六，卿大夫四，士二。據左傳魯昭公二十五年，魯將禘於襄公之宮，舞者二八。其衆舞於季氏。蓋季氏以八佾舞於其家廟，而另以二佾到公宮敷衍也。孔子之言蓋爲此事而發。謂季氏此事輕公重己，此而可忍受，則尚有何事不可忍受乎？孔子義形於色，故是年魯人逐季氏，孔子蓋亦參與斯役焉。及後事敗，昭公被逐，孔子亦出國。

3.2 ☆ 三家者以雍徹。三家，魯大夫孟孫氏、叔孫氏、季孫氏也。雍，周頌篇名。徹，饗祭禮畢收饌也。以雍徹，徹饌時，命樂人歌雍也。

子曰："相維有辟公，相，助祭者。辟公，諸侯也。天子穆穆_{肅敬貌}。"奚取爲於三家之堂？二句乃《雍》篇之文。言天子入廟，諸侯助之，其容肅敬。孔子以爲天子斷無到大夫之廟之理，故問諸侯，天子到三家之堂欲何爲乎？三家不顧名實，濫用禮樂，故譏之。

3.3 子曰：人而不仁如禮何？人而不仁如樂何？不仁，無人性也，如忠、信之類。如禮、樂何，奈禮、樂何之意。猶言對不住禮、樂也。以禮、樂乃人性之自然結果，有人性，禮、樂方有所依附，用之亦無愧。若人無人性，則禮、樂爲無根之虛華，妄用之，適足以遺笑於禮、樂也。

3.4 林放問禮之本要。林放，魯人，蓋孔子弟子。問禮之要，問制禮時主導之原則應如何也。

子曰：大美哉問！贊放能從原則上發問也。禮（醴），與其奢也寧儉。酒宴之禮，與其奢而浪費，不如儉而得體。以醴之旨在聯絡感情，而不在乎顯示闊氣也。喪，與其易也寧戚（慼）。易，修治之意，謂排場講究也。慼，促迫也，謂儀節簡陋也。喪禮，與其講究排場，不如儀節簡陋。以喪之旨在盡己之哀，而不在乎示人以富也。

3.5 ☆ 子曰：夷狄之尚有君，不如諸夏之亡（無）也。有君，有賢君也。此嘆中國式微，霸國無人，而夷狄之國如吳、楚者，倒有賢君也。

3.6 ☆ 季氏旅於泰山。旅，國有大故之祭。此蓋季氏欲伐顓臾時之事。將有兵事，故行旅祭。祭泰山。子謂冉有曰：冉有，孔子弟子冉求也，時仕於季氏。女（汝）弗能救止與（歟）？孔子欲冉有止之。止其旅，即所以止其伐顓臾也。對曰：不能。子曰：嗚呼。曾豈謂泰（求）山（也）不如林放乎？林放蓋爲季氏家臣，曾爲此事向季氏進諫。林放能諫，而冉有不能，是冉有不如林放也。出於意外，故嘆曰："嗚呼，不謂冉有竟不及林放也。"

3.7 子曰：君子無所爭。必也，射乎。言射時，方有爭。爭多算。揖讓而升，下，而飲。其爭也君子。射在堂上舉行，射者升階，降階，敗者飲酒之時，皆以揖讓行之。有爭之時，尚能揖讓，是富於君子風度之爭也。

3.8 ☆ **子夏問曰："巧笑倩兮，**倩兮，口輔好貌。**美目盼兮，**盼兮，目黑白分明貌。**素以爲絢兮。"** 絢，文飾也。**何謂也（耶）？** 此逸詩也，不見於《詩經》。素，素質也。指人之本色而言。詩人以美女之巧笑，美目即爲絢，爲文飾，此外不必再加文飾。而子夏則以爲應另加文飾如脂粉之類，不明詩人之意，因問其理。

子曰：繪事後素。 繪事即指脂粉文飾之事。後，猶言不及也。繪事後素，謂加脂粉不及於素質也。換言之，即謂素質上也，繪事次也。

曰：禮後乎？ 子夏從繪事後素之言而悟禮猶如繪事，則亦是文飾，亦不及人之素質也。其意以爲人有性情，即此性情就是禮。此時更無須禮。及一旦人失其性情，於是始有禮出焉。亦可說是禮者，忠信之薄也。

子曰：起 發明 **予者（哉）商也，始可與言詩已矣。** 禮後，正是孔子之意，故贊子夏能發明其意。讀詩貴能引申，而子夏能之，故孔子謂其可以言詩也。

3.9 ☆ 子曰：夏禮，吾能言。之_往杞，不足_能徵（證）也。殷禮，吾能言。之_往宋，不足_能徵（證）也。文_{典籍}獻_{賢人}不足故也。足則吾能徵（證）之矣。杞，夏之後；宋，殷之後。吾能言夏、殷二朝之禮，但吾往杞、宋二國，二國不能證成之。所以然者，以二國之典籍賢人不足故也。二國之典籍、賢人若足，則吾能證成夏、殷二朝之禮矣。

3.10 ☆ 子曰：禘自既灌而_以往_後者，吾不欲觀之矣。禘乃祭天之祭。古代王者以其祖爲出於天，故祭天。祭時，以其祖配之。灌，酌鬱鬯之酒，灌之於地，以降神也。既降神以後，主祭者往迎牲，親殺之，而薦其血與腥焉。既灌以後，孔子不欲觀者，蓋以孔子性仁慈，不好殘殺，亦不喜見殘殺，故降神之後，即行避去，不願見此一幕矣。

3.11 ☆ 或問禘之說。當時蓋有一種說禘之說，或人問孔子對於此說之意見如何。

子曰：不知也。孔子不主事神，不主祭非其鬼，亦不喜祭天。尤不喜人自以爲出於天之禘祭。《商頌》之"天命玄鳥，降而生商"，《大雅·生民》之"履帝武敏歆"之類皆在孔子隱怪之列，孔子不屑表示對禘之意見，因推言不知。知其说者之於在天下也，其如能示（寘）诸之於斯乎？指其掌。普天下之知禘說者甚少，聚而會之，或能置於此掌中乎。指其掌句，乃《論語》記者之辭。孔子說上句時，以手指指其掌。

3.12 "祭索如在祭，神如（乃）神在（哉）。"索如，恐懼之貌。此二語蓋俗語。言人在祭神時，若能存恐懼之心，一若神即在其上，即在其左右者，則神乃神矣。

子曰：吾不與祭，如乃不祭。孔子以俗語爲有理，因曰所以我如不能參與祭祀，我就索性不祭也。孔子所言乃不主祭神，至祭其祖先之鬼，孔子還是循俗舉行也。

3.13 王孫賈問曰：王孫賈，衛大夫。"與其媚於奧，寧媚於竈。"何謂 如也(耶)？媚，親順也。奧，室之西南隅，男主人之所處，此以喻君也。竈，厨房，女主人之所居也。此語蓋衛國民間俗語，意謂欲有所求於人，則求其男主人還不如求其女主人之爲有效。王孫賈蓋見孔子不遇於衛靈公，因用俗語諷勸之，使去求南子也。

子曰：不然。獲罪於天（夫）彼，無所禱也。夫指衛靈公。孔子謂並不如此。人若得罪於彼，即無可禱矣。太太亦無能爲力也。孔子不主見南子，後去見之，乃出衛靈公之强迫。

3.14 ☆ 子曰：周監（擥）采於二代。郁郁乎文哉，吾從周。此孔子論周禮也。周禮之成，兼采二代，文采郁郁乎極盛，故吾從周禮也。孔子此一周禮論，後來曾子更以譬喻之辭說之。《禮記·禮器》記其言曰："周禮其猶醵乎？"醵，會錢飲酒也。謂此酒，夏、殷二朝亦出有份金也。

3.15 子入大（太）廟，每事問。太廟，魯周公廟也。

或曰：孰謂鄹人之子知禮乎？入大（太）廟每事問。孔子父叔梁紇爲鄹邑大夫。故時人稱孔子爲鄹人之子。此蓋孔子年青初教弟子時事。孔子彼時已以知禮聞於魯國。或人以爲既知禮，則不應每事皆問，不信魯人之言。

子聞之，曰：是（視）禮也耳。視，即示字。孔子謂我在示人以禮之故耳。示人所以每事問者，孔子講學不欲無證而空自言之。太廟中有文，又有獻，故率弟子而問人也。

3.16 ☆ 子曰：射不主皮（破），爲（貨）力不同科，古之道也。古之道不尚力，射主中鵠而已，不主貫侯也。貫侯是破矣。古之道薄賦斂，徵貨則不徵力，徵力則不徵貨。貨力兩者不同徵也。孔子言此，慨當時之不然也。

3.17 ☆ 子貢欲去告朔之餼羊。周時，周王每年終頒佈次年十二月之朔於諸侯。諸侯受而藏之祖廟。到期則將其月之朔告廟與百官人民，謂之告朔。告時有祭，祭後有宴，謂之朝享。告朔用腥牲羊。用後宴群臣。子貢以爲告朔可耳，殺羊則不必，故主張去之。

子曰：賜也，爾愛_惜其羊。我愛_惜其禮（醴）。孔子謂汝惜費，故惜羊而欲去之，但我則惜朝享之醴。月會群臣，議政事，通聲氣，亦是應有之事，故雖小費，而所得更多，不主去之也。

3.18 子曰：事君盡禮，人以爲諂也！此嘆俗之流於苟且也。時人以盡禮事君爲諂媚。其實盡禮事君，猶盡禮交友，乃盡爲人之義務耳。如君命召，不俟駕行矣。君之召己，必有公要急須商量，己如緩緩而行，必將誤事。此乃事君之禮本應如此，我之爲此，乃是盡禮，而今世之人乃謂我爲諂媚於君，可嘆也。

3.19 定公問：君使臣，臣事君，如之何？定公，魯君，名宋，哀公之父。問君臣之關係應如之何。

孔子對曰：君使臣以禮，臣事君以忠。君應依禮使臣，臣應忠心事君。

3.20 子曰：《關雎》樂而不淫_亂，哀

而不傷悲。《關雎》，《詩經·周南》之首篇，男子思女子之辭也。樂而不亂，言詩思女而得之，則以琴瑟鐘鼓樂之而已，並無沉溺淫佚之意也。哀而不悲，言詩思女而不得，則寤寐反側而已，並無憂愁哭泣之言也。

3.21 ☆ **哀公問社（主）於宰我。**宰我，孔子弟子宰予也。古代，每地選其地之所宜之木以爲崇祀之對象，謂之田主。代表一國一朝者，則謂之社。魯有二社：周社、亳社。亳社爲殷社，爲亡國之社。哀公六年，亳社災，此事大約是殷民六族之所爲。哀公此問，當在此事發生之後。哀公欲重立亳社，乃問其制於宰我。

宰我對曰：夏后氏以松，殷人以柏，周人以栗。夏人以松爲田主，殷人以柏爲田主，周人以栗爲田主。

曰：使民戰栗。哀公知周人用栗，因說用栗之理由曰："其意似在告訴人曰使民之道應常自謹慎乎身戒。"

子聞之，曰：蓋宰我告之也。**成事不說**舍、置，**遂**亡**事不諫（簡）**略，

既往不咎<small>災。既往，指既往之社。孔子聞其事，曰：「若不棄置前代成功之事，不忽略失敗之事，而能註意之，引以爲鑒戒，則既往之社亦不致遭災矣。」孔子言此者，怪哀公過去之不知鑒戒而欲哀公此後能鑒於往事，作亡羊補牢之舉也。</small>

3.22 ☆ **子曰：管仲之器才小哉**。<small>管仲，齊大夫，名夷吾，相桓公，霸諸侯，孔子謂其才能小，蓋以其不能統一天下爲王也。</small>

或曰：管仲儉乎？

曰：管仲有三歸（婦）。**官事不攝**兼。**焉得儉？**<small>大夫不具官，家臣一人常兼數人之事，而管仲每事皆有專人，浪費如此，安得爲儉。</small>

然則管仲知禮乎？<small>或人以禮講究鋪張排場，管仲既不儉，當是知禮者乎？</small>

曰：邦君樹塞門，管氏亦樹塞門。<small>塞門，門外屏牆也。樹塞門，在門外立屏牆也。</small>**邦君爲兩君之好有反坫，管氏亦有反坫**。<small>反坫，反爵之坫也，在兩楹之</small>

間。兩君爲好，飲酒獻酬既畢，則反爵於坫。管氏而知禮，孰不知禮？此皆是諸侯之禮，而管仲以大夫而僭用之，安在其爲知禮也。

3.23 ☆ 子語魯大師（司）樂曰：大司樂，樂官之長。樂其可知也，音樂之道可以知也。始作（奏），翕合如也。翕然，聚合貌。樂開始時，八音聚在一起而不發散。從之，猶繼之也，奏下去以後。純如也，和諧貌。八音漸次發散，聲音和諧。皦如也，分明貌，條理分明矣。繹如也，條達貌。八音奔騰，輻輳，絡繹而無間斷矣。以（而）成（終）。至於終結結束之時。

3.24 ☆ 儀封人請見曰：儀，衛邑。封人，掌封疆之官。孔子赴衛過儀，封人請求接見之。君子之至於斯也者，吾未嘗不得見也。君子，指當時賢者之入衛境者。封人自言常不見絕於賢者。

從者見之。從者，孔子弟子隨行者。見之，謂爲之介紹，使孔子接見之也。

出曰：二三子，呼從者也。何患於喪乎？喪，奔走也。天下之無道也久矣，天將乃以夫子爲木鐸。木鐸，大鈴也。金口木舌。發施號令時，振之於路上以號召民衆者也。封人言二三子不必以夫子奔走於道路爲患，此乃以天下無道已久，天欲救之，因用夫子爲木鐸，使其周游四方，以號召教化天下之人耳。

3.25 子謂論韶盡美矣，又盡善矣。韶，虞舜之舞樂也。

謂論武盡美矣，未盡善矣。武，周武王之舞樂也。美就形式聲容而言，善就內容意義而言。

3.26 ☆ 子曰：居上不寬，爲禮（醴）不敬，臨喪不哀，吾何以爲觀多之哉？居上不以寬遇下屬，辦酒不以敬待賓客，弔喪不以哀對逝者，如此之人，吾不多之也。此譏當時某一君相也。

卷四　里仁篇

4.1　子曰：里(鯉)，仁爲美擇(宅)。不處居仁，焉得知(智)？

鯉，孔子之子伯魚也。此孔子告伯魚之辭也。仁，仁道也，即仁愛之道也。仁之於人，猶如美宅，人應居其中。人若不居於仁，安能有智乎？居仁，則能生智。《中庸》所謂自誠而明也。

4.2　子曰：不仁者不可以久處約貧困，不可以長處樂富貴。不仁者，無仁之人也。

無仁之人不可以長處於貧困。長處貧困，則必爲非矣，所謂窮斯濫也。不可以長處於富貴。長處富貴，則必驕恣而思淫欲矣。

4.3　☆仁者安仁(人)。知(智)者利栽成仁(人)。此應別爲一章，章首脫言者主名。

仁者安定人，智者栽成人。仁者存心仁慈，故欲使人安定；智者見理分明，故欲將人栽成。

4.4 子曰：唯仁者能好人，能惡人。

唯有仁心之人乃兼能好人與惡人。善者好之，使其增加為善之勇氣。不善者惡之，使其不敢再張其兇勢。不仁者則不能。彼諸多顧忌，闒然媚世，得一鄉愿之頭銜而已矣。

4.5 ☆ 子曰：苟(誠)志於仁矣，無惡(醜陋)也。

誠有志於為仁人，其外貌必有威儀，斷無醜陋垢穢之患，以彼必身心交修，莊敬日強也。

4.6 ☆ 子曰：富與貴，是人之所欲也，不以其道，得(德)之者不處(據)就也。

德，有德者也。言富貴雖為人所欲，但當依禮得之。不依禮之富貴，有德之人則不就也。

貧與賤，是人之所惡也，不以其道，得(德)之者不去也。

貧賤雖為人所惡，但去之亦應以禮。若不以禮，則有德之人寧願居之而不去也。處富貴，去貧賤，實際乃一事，反復言之者，見人之處富貴貧賤萬不可以不循正道也。此孔子言其對富貴貧賤者之態度也。

4.7 ☆ 君子去仁，惡乎成名？ 此章亦應別為一

章，章首脫言者主名。君子若無仁道，更於何處成名乎？言君子之所以爲君子，全賴其有仁道也。

4.8 **君子無終食之間違仁**。終食之間，一飯之頃也。一飯之頃，君子之心亦不離於仁。

造次必於是，顛沛必於是。造次，急遽倉猝之間。顛沛，傾覆流離之際也。必於是，必在仁也。此非常之時，尚是如此，則平時更可知矣。

此章亦應別爲一章，章首脫言者主名。

4.9 ☆ **子曰：我未見好仁者，惡不仁者**。未見好仁道之人與惡無仁道之人。嘆世無此二種人也。

好仁者無以有**尚**陵**之**。好仁之人，人無有欺陵之者，以不忍也。

惡不仁者其之**爲仁**（人）**矣**（也），**不使不仁者加**欺凌**乎其身**。惡不仁者能使不仁者不敢欺凌之。

4.10 ☆ **有能一日**旦**用其力於仁矣**者**乎，我未見力不足者**也。言人只要能發心行仁道，則其力無不足者。**蓋**或**有之矣**

（乎），我未之見也。或有力不足以行仁道者，但我從未之見過也。當時聽衆蓋有主張有力不足者，孔子答之如此。

此章亦應別爲一章，章首脫言者主名。《里仁》篇此間多脫簡。

4.11 子曰：人之過也，各於其黨_類，觀過，斯知仁（人）矣。過，經過之過，謂往來也。凡人所與往來者，必是其同類之人。善人與善人往來，惡人與惡人往來。故觀其人之往來，即可知其人爲何等人矣。

4.12 ☆ 子曰：朝聞道，夕死_窮可矣。聞道，聽講道也。死，窮也，窮究之意。言早上聞道，晚上窮究此道即可矣。此孔子指示弟子一日中用功之法也。

4.13 子曰：士志於道而恥惡衣惡食者（哉）？未足與議_語也。士，學從政者之稱也。士之志宜在於修己治人之大道，衣食區區不足措意，而汝乃以惡衣惡食爲恥乎？汝之識趣卑陋，不足與語也。此蓋孔子斥弟子之辭。

4.14 ☆ 子曰：君子之於天下也，無適

（狄）也。無莫（貊）也。義之則與比親也。君子與天下人之態度惟取決於義與不義，無所謂夷狄，無所謂蠻貊。若其所行合於義，則即與之親近也。

4.15 ☆ 子曰：君子懷（歸）德恩德，小人懷（歸）土（吐）。君子懷（歸）刑刑罰。小人懷（歸）惠（憓）順。君子、小人就地位而言。歸，有以某事爲主之意。君子以恩德爲主，則小人以吐露爲主，將心中之話盡行說出矣。君子以刑罰爲主，則小人以順從爲主，有話不敢說矣。此言君子小人之感應也。

4.16 子曰：放逐於利而行，多怨。逐利而行，必與人爭，故多怨矣。

4.17 ☆ 子曰：能以禮讓，爲治國乎何有難？爲國乎何有，倒句，即何難於爲國乎？言不難也。不能以禮讓，爲治國，如禮（之）何？爲國如之何，亦倒句，即如之何爲國也。言治國無禮讓，則治國無辦法矣，國不能治也。蓋無禮讓，則攻擊傾軋之現象將層出不窮也。

4.18 ☆ **子曰：不患無位，患所以立（位）**。無位不必憂慮。所以居其位之道，則須憂慮之也。**不患莫己知，求爲ᵥ有可知也**。人不知己不必憂慮，應求自己有可以被知之實耳。

4.19 ☆ **子曰：參**，呼曾子。**乎（于）ₓ取吾道ᵥ術一以貫之**。參，曾子名。此孔子命曾子將其廣大之道術加以系統化，爲初學之門人告也。

曾子曰：唯。承諾之辭。曾子答應，故直應曰諾。

子出。門人問曰：何謂ᵥ如也（耶）？門人因問夫子之道如何耶。

曾子曰：夫子之道，忠恕而已矣。夫子之道術，扼要言之，忠恕二字盡之矣。忠爲考中度衷，認識自己之欲與不欲也。恕爲以己量人，以己之欲與不欲推知人之欲與不欲也。孔子之道，修己治人，範圍極廣，但其主腦不外於忠恕二者。

4.20 子曰：君子喻於義。小人喻於利。喻，明曉也。謂知之熟也。君子明曉於義，故一切以義決之。小人明曉於利，故一切以利決之。

4.21 子曰：見賢思齊_等焉_之，見不賢而_則內自省也。見賢者，則須思所以企及之，而與之等。見不賢者，則須內自省察，自己得無亦如此人乎。

4.22 ☆ 子曰：事父母，幾_微諫見志。微諫，隱諫也，不公開言之也。見志，將自己的意思說與父母聽也。

不從，又_乃敬而不違，勞而不怨。父母若不從諫，則還當尊敬之而不可違背之，憂慮之而不可怨恨之。

4.23 ☆ 子曰：父母在（老），不遠游，游必有方_所。父母年老，須防萬一呼喚不應，故最好不遠游。若必須遠游，則宜有常所，以備父母變故時有之呼喚。

4.24 子曰：三年無改於父之道，可謂孝矣。

4.25 ☆ 子曰：父母之年不可_當不知_記也。一則以_{以爲}喜，一則以_{以爲}懼。見其壽考，則以爲喜；見其衰老，則以爲懼也。

4.26 ☆ 子曰：古者言之不出，恥躬（今）之不逮也。言之不出，不妄出言也。言從前人不妄出言，今人却妄出言，我引以爲恥也。言，指著述而言。孔子無不知而作，故恥之。

4.27 子曰：以約_儉失之者鮮矣。儉則使錢謹慎，不致匱乏，故少蹉跌。

4.28 子曰：君子欲訥_{遲鈍}於言，而敏_{疾速}於行。君子言須遲鈍，行須疾速。

4.29 子曰：德不孤，必有鄰。言有德之人斷不會孤立，必有人親而近之，與爲鄰者。《孟子》言大王"去邠，逾梁山，邑於岐山之下居焉。邠人曰：'仁人也，不可失也。'從之者如歸市"。即其類也。

4.30 ☆ 子游曰：事君數_{親昵}，斯辱矣。朋友數_{親昵}，斯疏矣。事君而親昵則見辱矣。交友而親昵則見疏矣。親昵，有諂瀆之意，汲汲於人之門下，惟恐有失者也。此種作風最足以使人生厭憎，起蔑視，故見辱，疏矣。

卷五　公冶長篇

5.1　子謂論公冶長可妻也。公冶長，孔子弟子。可妻，謂可嫁女爲其妻也。**雖在縲絏之中，非其罪也**。縲絏，長繩也。所以拘繫罪人者。在縲絏之中，謂在獄中。非其罪，謂長之獄乃冤獄也。

以其子妻之。其子，其女也。

5.2　子謂論南容南容，孔子弟子南宮縚也。**邦有道，不廢**；國家治時，則見任用。**邦無道，免於刑戮**。國家亂時，能保身免禍也。**以其兄之子妻之**。兄之子，姪女也。

5.3 ☆ 子謂論子賤子賤，孔子弟子宓不齊也。**君子哉若擇人！魯無（舞）侮君子者也，斯焉乃取斯**之。上斯：子賤；下斯：君子。此孔子贊子賤能選擇人也。言子賤擇人有君子之風。魯人不重視君子而輕侮君子，而子賤乃一反其道而行之。子賤爲單父宰，有父事者三人，兄事者五人，所友者十有二人，所師事者一人。

5.4 子貢問曰：賜也何如？

子曰：女（汝）器也。一種有用之器皿。

曰：何器也（耶）？

曰：瑚璉也。瑚璉，盛黍稷之器，猶今之盛飯之碗也。人之飲食，非碗不辦。孔子以之比子貢，以見其爲國家社會所不可一日少也。

5.5 ☆ 或曰：雍也仁而不佞。雍，孔子弟子仲弓也。姓冉。佞，有口才也。或人謂仲弓有仁心而無口才。

子曰：焉用佞？要口才何用。禦當人以口給，屢憎於人。口給，口辭捷給也。以口給當人，常爲人所憎惡耳。不知其仁（人）焉用佞也（耶）？其人，指仲弓。我不知仲弓要有此口才何用也。

5.6 ☆ **子使漆雕開仕。**漆雕開，孔子弟子漆雕啟也。仕，出而從政也。**對曰：吾（啟）斯之（時），未能信仕。**開言吾此時尚未能任從政之事。**子說（悅）。**喜其有自知之明也。

5.7 **子曰：道不行，乘桴**筏**浮於海。從我者其由與（歟）！**桴，筏也，竹排船也。孔子在中國不能行其治平之道，因思浮海遠去，別尋國度。以子路忠勇，不怕艱難，故謂唯彼能從之也。**子路聞之喜。**

5.8 ☆ **子曰：由也好勇過我，無所取材（裁）。**由之好勇過於我，而無處可以得裁制之道，使得其中。孔子言此者將裁制之也。

5.9 **孟武伯問子路仁（人）乎？**問子路是否是一個人，一個全德之人。**子曰：不知也。**意謂子路非是全德之人，但不欲明言，故推為不知。**又問。**

子曰：由也，千乘之國，可使治其賦兵也，不知其仁（人）也。子路之才可以治大國之兵賦，如是而已。吾不知其是全德之人也。

求也，何如？

子曰：求也，千室之邑，百乘之家，卿大夫之家。可使爲之其宰也，宰，家臣也。不知其仁（人）也。冉有可以爲大夫家臣，如是而已。我不知其是全德之人也。

赤也，何如？赤，孔子弟子公西華也。

子曰：赤也，束帶立於朝，束帶，整朝服也。可使與賓客言也，賓客，鄰國諸侯大夫來相聘者。不知其仁（人）也。公西華可以立朝應對賓客，如是而已。吾不知其是全德之人也。

5.10 ☆ 子謂子貢曰：女（汝）與回也孰愈勝？

對曰：賜也何敢望回。回也聞

一以知十。賜也聞一以知二。言己領悟之力不及顏淵遠甚。

子曰：弗如也，汝弗如也。吾與女（汝）俱弗如也。吾與汝皆不如也。

5.11 ☆ 宰予晝寢。宰我白晝而臥。

子曰：朽木不可雕也，糞土之牆糞土，穢土也。不可杇（圬）也。圬，塗之使平也。於予與也何誅責。朽木不可雕，穢土不可圬，予棄材，我何必責之哉。此深責宰我偷惰之辭也。

5.12 子曰：始吾於人也，聽其言而信其行。今吾於人也，聽其言而觀其行。於予與也改是之。始也，吾聽一人之言，即信其行，以為其行必能與其言相符。今也，吾聽人言，不即信之，而更欲一察其行之是否與其言相符焉。吾先後態度之改變，乃由於宰我也。

5.13 子曰：吾未見剛者。剛者，堅強不屈之人。

或對曰：申棖。申棖，孔子弟子。

子曰：棖也慾，焉得剛。慾，多嗜慾也。多嗜慾者不能剛。以多嗜慾則必欲多得，欲多得，則必行邪媚以求之，於是其意志不能堅強到底矣。

5.14 ☆ 子貢曰：我不欲人之加遺諸於我也者，吾亦欲無加遺諸於人。遺，饋遺也。子貢言我不欲饋遺於人，我亦不欲人之饋遺我。

子曰：賜也。非爾所及（忣）急也耳。言汝雖欲如此，但不以爲急務耳。不以爲急務，猶言不以爲首要之任務也。

5.15 子貢曰：夫子之文章可得而聞預也。文，指禮義。章，指樂章。夫子之言性與天道，不可得而聞預也。子貢言孔子制禮作樂，弟子尚得預聞，參加意見。至其言性與天道，則義理高深，唯其獨得，弟子無能爲力矣。

5.16 子路有聞，未之能行，唯恐有（又）聞。子路有所聞知必欲行之，若所聞知尚未能行，則恐更有所聞知。蓋彼好勇而性又急，故不願於第一重心理負擔之上，再加第二重負擔也。

5.17 子貢問曰：孔文子何以謂之文也（耶）？孔文子，衛大夫，名圉。文是其謚。子貢問得此謚之由。

子曰：敏聰明而好學，不恥下問，下問，問於位在己下者也。是以謂之文也。

5.18 子謂論子產有君子之道四焉：子產，鄭大夫公孫僑也。其行己也恭，行己，持躬也。持躬謙遜。其事上也敬，謹恪。事君謹恪。其養民也惠，惠，有恩也。以恩施民。其使民也義。義，合宜也。以義使民。如徵調田獵皆於農隙，不違農事之類也。

5.19 子曰：晏平仲善與人交，久而

敬之。晏平仲，齊大夫晏嬰也。常人交友，日久則敬衰。晏嬰不然，故謂之善交也。

5.20 子曰：臧文仲居蔡，臧文仲，魯大夫臧孫辰也。蔡，大龜也。居蔡，畜大龜也。畜之以爲玩好。山節，節，柱頭斗拱也。山節，刻之爲山也。藻梲，梲，梁上短柱也。藻梲，畫以藻文也。何如其知（智）也（耶）？文仲爲一玩物而奢侈如此，其智何如耶？謂不智也。魯人謂文仲爲智，故孔子有此言。

5.21 子張問曰：令尹子文，三仕爲令尹無喜色。三已罷之，無慍色。舊令尹之政，必以告新令尹。何如？令尹子文，楚大夫鬬穀於菟也。

子曰：忠矣。知有國而不知有己，公家之事知無不爲，可謂忠矣。

曰：仁（人）矣乎？是一個人乎？一個全德之人乎？

曰：未無知（智），焉得仁

（人）？子文無智，安得謂爲全德之人。全德之人應須有智。

崔子弑齊君。崔子，齊大夫崔杼也。殺其君莊公。**陳文子有馬十乘，棄而違去之**。陳文子亦齊大夫，名須無。十乘，四十匹也。**至於他邦，則曰猶吾大夫崔子也**。言其國之大夫專橫無上，一如齊之崔子也。**違去之**。遂離去此國。**之至一邦，則又曰猶吾大夫崔子也。違去之。何如？**

子曰：清矣。潔身去亂，不願同流合污，可謂清矣。

曰：仁（人）矣乎？

曰：未無知（智）。焉得仁（人）？ 文子無智，安得謂爲全德之人。

5.22 **季文子三思而後行**。季文子，魯大夫季孫行父也。文子每行一事，必經三次思慮。

子聞之。曰：再，斯可矣。不必三思，兩思即可矣。蓋一思即行，其行難免受衝動之影響，而再思則可加以理性之約束也。行事，即此已足。若三思，則又必引起無謂之枝節，一時使人疑惑，一時使人顧忌，減少行事之勇氣矣。

5.23 ☆子曰：寧武子邦有道則知(智)，邦無道則愚。其知(智)可當及(扱)取也，其愚不可當及(扱)取也。寧武子，衛大夫寧俞也。天下有道則現，無道則隱，是智者之行徑也。寧武子於文公之世出仕，合於有道則見，是智也。此可取也。及成公之世，成公失國復國，殺叔武、元咺，賂晉侯、魯侯，是無道之時也，而寧武子依然出仕。無道亦現，是其愚也。此則不可取者也。

5.24 子在陳曰：歸與(歟)！歸與(歟)！吾黨之小子狂簡，吾黨小子指門人。狂簡，狂，猖狂也，進取之貌。簡，疏略不爲之意。斐然成章，文理斐然，皆能持之有故，言之成理。**不知所以裁之**。但不知所以自裁制，使得其中也。此孔子在外道不行而思歸之嘆也。歸後，欲對門人加以裁制，使歸於中道也。

5.25 **子曰：伯夷、叔齊不念舊惡**，舊惡，夙怨也。**怨**恨**是用**以**希**。伯夷、叔齊，古之逸民。不念夙怨，故心中恨少也。

5.26 ☆ **子曰：孰謂**如**微生高直？**微生高，魯人。**或乞醯**醋**焉，乞諸**之**於其鄰而與之**。直者，直情徑行，心不委曲。人有所求，必爲之效力而後快於心。此嘆微生高之行爲人所不及也。

5.27 **子曰：巧言、令色、足恭**，足恭，以足致恭，便辟之貌。進退周旋，作揖打拱也。**左丘明恥之**，左丘明，魯史官。**丘亦恥之**。恥其逢迎卑鄙也。**匿怨而友其人**，藏匿心頭之恨而與所恨者交友。**左丘明恥之，丘亦恥之**。恥其作僞不直也。

5.28 ☆ 顏淵、季路侍。侍，陪坐也。

子曰：盍何不各言爾志。

子路曰：願車馬衣輕裘，與朋友共，敝壞之而無憾。

顏淵曰：願無伐善，夸己之善也，無施著勞。著己之功也。

子路曰：願聞子之志。

子曰：老者，安定之。朋友，信保之。少者，懷勉之。定之，使其生活安定也。保之，使無有失也。勉之，使有作爲也。

5.29 子曰：已矣乎，吾未見能見其過而內自訟責者也。已矣乎，嘆息之詞。嘆世人莫能自知有過而內自責也。

5.30 子曰：十室之邑必有忠信如丘者焉，不如丘之好學也耳。此孔子言其與衆不同之處也。忠信之人到處都有，能好學者，惟己獨耳。

卷六　雍也篇

6.1　子曰：雍也。可使南面。古者天子、諸侯、卿大夫等有位者皆向南面坐而治人。此處南面指諸侯。言仲弓有君子之度，可使爲諸侯。

6.2　仲弓問子桑伯子。子桑伯子，魯人。

子曰：可也。簡。可也，猶言好矣也。簡，寬大而不繁細也。此句之意謂子桑伯子之可在於簡。

仲弓曰：居敬而行簡，以臨其民，不亦可乎？以肅敬自處，而以寬大之政治民，則可也。以肅敬自處，言從嚴正之心辦事也。

居簡而行簡，無乃大（太）簡乎？若以寬大而簡略自處，而又以寬大而簡略之政治民，則太寬大而簡略矣。不可也。蓋以無嚴正之心作主，行事在在馬虎，則事必無成，甚或滋事矣。

子曰：雍之言然是。仲弓能將簡字的道理

發揮得透徹，故孔子以仲弓之言爲是。

6.3 ☆ 哀公問弟子孰爲好學？

孔子對曰：有顏回者好學。不遷怒（努），不貳二過從，不幸短命死矣。今也則亡未聞好學者也。不遷怒者，不將其所努力者移易也。言專心於一種學問而不旁騖也。不貳過者，無第二之過從。言得一師之後遂專從此師而不見異思遷，別從他師也。顏淵爲學專一如此，可謂好學，但不幸早死，今則弟子之中更無好學之人矣。

6.4 子華使於齊。子華，公西赤也。使，蓋爲魯君使也。

冉子爲其母請粟。冉有爲之向孔子求粟。

子曰：與之釜。釜，六斗四升。

請益。冉有嫌少，請增加。

曰：與之庾。庾，二斗四升。孔子乃增加二斗四升，合前共八斗八升。

冉子與之粟五秉。秉蓋一斗二升五合。五

秉合六斗二升五合。冉有強請孔子再增六斗二升五合，合前乃共爲十二斗四升五合也。

子曰：赤之適齊也，乘肥馬，衣輕裘。所乘者肥馬之車，所衣者輕裘。言赤前赴齊時之排場闊綽，見其本富有也。

吾聞之也，君子周給**急**窮迫**，不繼**益**富。**我聞人言，窮迫者應供給之，富有者不必補益之。此責冉有不知此道，而爲子華繼富也。

6.5 ☆ **原思爲之（子）宰。**原思，孔子弟子，名憲。

與之粟九百。蓋九百斗也。周時言祿不明說單位詞。

辭。不受也。

子曰：毋無**以**用**，與爾鄰里鄉黨乎。**汝自己如不要此數，可將此粟分與汝之鄰里鄉黨也。

6.6 ☆ **子謂仲弓曰：犂**耕**牛之子騂且角，雖欲勿用，山川（人）其**

舍（予）與諸之。騂，赤色也。角，言其角周正，不缺不觭，中犧牲也。用之，用之於祭祀也。古禮，耕牛之犢，因其出生之故，不可供祭祀。山人，管苑囿之官也。孔子謂雖不能用，但管苑囿之官還得推舉之也。予，推與之意。此孔子與仲弓論舉用人才之正法也。

此章與《子路》篇仲弓爲季氏宰問政章有關。

6.7 子曰：回也，其心三月不違仁，其餘則日月至焉而已矣。顏淵之志惟在於仁道。三月，數月也。數月之久，念念於此，不曾去之。餘，餘裕也，衣食足也。而其豐衣足食的生活則或日一至焉，或月一至焉而已矣，不常有也。此章還是"人不堪其憂，回也不改其樂"之意。

6.8 季康子問仲由可使從政也與（歟）？從政，謂爲大夫也。

子曰：由也果，於從政乎何有患？果，果敢有決斷也。

曰：賜也，可使從政也與（歟）？

曰：賜也達，於從政乎何有患？

達，明於事理也。

曰：求也，可使從政也與（歟）？

曰：求也藝，於從政乎何有患？

藝，多才能也。

6.9 ☆ 季氏使閔子騫爲費宰。閔子騫，孔子弟子，名損。費，魯邑也。魯有二費，一爲季氏私邑，一爲魯邑。此魯邑也。季氏薦子騫於魯君，使爲費宰。

閔子騫曰：善爲我辭請焉。請季氏向魯君轉請之。如有（又）復白我者，則吾必在汶上矣。汶上，汶水之上邑也。言若再奏薦我者，則必須將我派往汶上也。汶上，當時爲齊、魯兩國間最有問題的地方，而閔子欲之，蓋激於愛國之情，不厭繁劇者也。

6.10 ☆ 伯牛有疾。伯牛，孔子弟子冉耕也。

子問之，自牖這裏指監獄的窗戶執其手。曰：亡（網）之，網之，置之於羅網之中，謂置之於獄中也。命矣夫！伯牛入獄非其罪也，是命也乎。斯人也，而乃有斯疾也_矣！斯人也，而_乃有斯疾也_矣！_{言一旦在獄中，伯牛乃受傳染而得此疾矣。伯牛之疾相傳是癩也。}

6.11 ☆ 子曰：賢哉回也！一簞食_{飯，簞，竹器。}一瓢飲，在陋巷，人不堪其憂_陋，回也不改其樂。_{意常得也。}賢哉回也。

6.12 ☆ 冉求曰：非不說（悅）子之道，力不足也_耳。

子曰：力不足者，中道而廢_墮，今女（汝）畫_止。_{言譬如行路，力不足者，動身之後，至半途而墮倒。今汝乃步亦未開就自止耳。是不爲也，非力不足也。}

6.13 子謂子夏曰：女（汝）爲君子儒，無爲小人儒。_{君子儒，上達之人，欲從政行道者。小人儒，則下達之人，無意於從政行道者也。子夏有忘情於行道，從事於著作的趨勢，故孔子戒之。}

6.14 子游爲武城宰。武城，魯邑。子曰：女（汝）得人焉_於爾_是乎？曰：有澹臺滅明者，行不由徑，徑，小路也。言作事不取捷徑，而由正道也。非公事，未嘗至於偃之室也。不私結交於地方長官也。滅明蓋乃有公方之德者也。

6.15 子曰：孟之反不伐。孟之反，魯大夫，名側。不伐，不夸其功也。奔而殿，奔，戰敗而退也。殿，在軍後也。將入門，策_鞭其馬曰："非敢後也，馬不進也耳。"戰敗而退，以殿後爲功。子反不欲居功，曰乃馬不進之故耳。此事在魯哀公十一年。

6.16 ☆ 子曰：不有祝鮀之佞，而（不）有宋朝之美，難乎免（勉）於今之世矣。祝鮀，衛大夫子魚也，有口才。宋朝，宋之公子仕衛者，有美色。勉，自奮勉也。此言無口才、無美色之人欲在此世奮勉難乎其難。蓋以此世之所重者，乃口才與美色。無此二者而有德者終不爲此世之所重也。

6.17 子曰：誰能出不由戶？何誰莫由斯道也（耶）？人之出入不能不由戶。人之言動亦不能不由道。此事，夫人在行之，而不能知之。終以爲道是高妙之物，而與吾人無關者。此孔子所以怪之也。道，指禮樂。

6.18 子曰：質勝文則野，文勝質則史。質，實質也。文，形式也。實質過於形式，則爲野人。形式過於實質，則爲祝史。祝史，陳數失義之徒。猶今之秘書文牘，只知規章制度而不顧事之實情者也。文質彬彬，然後君子。彬彬，文質相半貌。文質各半，兩兩平衡，既有文，又有質，方是君子也。

6.19 子曰：人（仁）之，生也直。罔之，生也幸而免。此言治民之道也。仁之，愛之也。在上者愛民，則民照直道而生活。罔之，誣罔之。在上者誣罔其民，則民之生活將趨於僥幸與強暴矣。

6.20 ☆ 子曰：知之者不如好之者，好之者不如樂（斅）教之者。知之，純是知識方面之事。好之，則知識之中，更滲入感情焉。但好之猶是知識情感方面之事，而教之，則更滲入意志焉。所謂教之，謂將所知所好之事起而教導弟子也。

6.21 子曰：中人以ᴍ而上，可以語上也。中人以ᴍ而下，不可以語上也。此言教中人之法也。中人而能上進，則可以上智之所知語之。上，謂上智之所知也。中人而後退，則不能以上智之所知者語之矣。

6.22 ☆ 樊遲問知（智）。此樊遲出仕時問也。子曰：務趨民之義宜，凡事之宜於民者趨之，言須急行之也。敬（敕）鬼神而遠之，整敕鬼神而遠離之。整敕鬼神，淘汰不應祭之鬼神也。指淫祀而言。可謂知（智）矣。行此二事乃爲智也。

問仁愛。

曰：仁者先難（勞）而後獲，可謂仁矣。勤勞則先人，有得則後人，能勞能讓，有人無己，此乃是仁愛也。

6.23 ☆ 子曰：知（智）者樂（敩）效水，仁者樂（敩）效山。智者摹仿水，仁者摹仿山。此二者理想目標之異也。

知（智）者動，仁者靜。智者變易，仁者安靜。此二者性情之異也。

知（智）者樂，仁者壽。智者榮顯，仁者壽考。此二者效果之異也。

6.24 子曰：齊一變至於魯，魯一變至於道。齊若向上演變可至於魯。魯若向上演變可至於道。道，指有道之國，理想國也。齊尚功利而無禮義，魯則重禮儀，故齊一變可至於魯。魯無功利，理想國則兼有功利與禮儀，故魯一變可至於道也。

6.25 子曰：觚不無觚角，觚哉？觚哉？觚本是酒器有角者之名，後來酒器之無角者亦稱爲觚，名實不相符，故孔子非之也。此孔子之正名也。

6.26 宰我問曰：仁者雖告之曰："井有仁〈仁人〉焉。"其從〈就〉之也（耶）？井，二十八宿之一，南方朱鳥七宿之首宿。有星八，屬雙子座。宰我以爲仁者必就正於有道，故設此難以問。謂井星上有仁人，仁者亦將往就之耶？

子曰：何爲其然〈如此〉也（耶）？言不去也。君子可逝〈往〉也，不可陷也。君子可以使往，但不能使之蹈空以去，以陷於空中。可欺也，不可罔也。君子可以正道欺之，而不可以非道誣之。有人謂星上有仁人，君子自所未聞，是可以正道欺之也。但須蹈空而去，此乃事之不可能者，則君子不可受此誣罔也。

6.27 子曰：君子博學於文。約之以禮，亦（則）可以弗畔（亂）矣夫。博學於文，若無禮以約束之，則必罔然無所適從矣，是亂也。

6.28 ☆ **夫子見南子**。南子，衛靈公之夫人，有淫行。孔子至衛，南子欲見之，孔子乃見之。

子路不說（悅）。

夫子矢指**之曰**：之，語助詞或指下文之夫。

予所若**否（不）者，天（夫）**彼**厭（壓）之。天（夫）**彼**厭（壓）之**。彼指衛靈公。言我若不見其夫人者，則彼必加壓迫於我矣。重言之者，見有其必然也，此見孔子之見南子乃所以免禍耳。

6.29 ☆ **子曰：中庸**和**之為德也，其至**窮、終**矣乎？民鮮**能（事）**久矣。**中和兩字，《中庸》有明解。"喜怒哀樂之未（不）發，謂之中，發而皆中節謂之和"也。中和之為德者難道將終結而消失乎？人少行之亦已久矣。此章孔子怪而歎之之辭也。但後來顏淵擇（宅）乎中庸，中庸之道在孔子有繼統者矣。

6.30 ☆ **子貢曰：如有**欲**博施於民，而**且能濟成衆，何如為可謂仁仁人乎？欲普遍施與於人民，且能曲成人衆者，此人應為何事，方可以稱為仁人乎？

子曰：何誰事於仁，必也聖智乎！誰欲從事於仁，必須先從事智。堯舜其猶病（愧）諸（之）。但此則古聖王堯舜亦有所愧也。夫仁者。己欲立（粒）而立（粒）人，己欲達通而達通人。能近取譬，可謂仁仁人之方道也已。此言從事於智之法也。仁人行為必由己而推彼。己欲米食，則思人亦欲米食，而米食之。己欲通達，有聞於世，則思人亦欲通達而通達之。能於近處取譬喻，即能以己明人，此可謂為仁人之道也。孔子此處所言者，蓋還是忠恕之道也。

卷七　述而篇

7.1 ☆ 子曰：述_導而_以不作，信（伸）而_以好古，竊比於我老彭。此孔子自道教育弟子之方針也。我老彭，蓋商之大夫。"述而不作，信而好古"兩句，乃老彭之詩。孔子以此兩言合於自己之行徑，因引以自比。言竊比則謙辭也。述，導也。謂先導之以不作，再伸之以好古。蓋以一般人皆於求學之初有其自作之主張，孔子以此為不合，故徹底改去之。信以好古，以好古始補充之也。蓋其為學乃欲從頭做起也，並不止於復古也。但亦不過是方法而已。

7.2 子曰：默而識之，不言而體認內心也。學而不厭，誨人不倦，何_誰有_得於我哉？此言弟子之無得於己也。

7.3 ☆ 子曰：德（得）之則不修（行），得之，謂思有所得，得而不行。學之則不講，聞義不能徙（從），不善不能改，是吾憂也。孔子常以此四者爲憂。

7.4 ☆ 子之燕（閒）居坐，閒暇無事而坐之時。申申如也，申申，整敕貌。言其身之直也。夭夭如也。夭夭，和舒貌。言其身之屈也。此言孔子之坐容也。孔子閒居之時，其身之屈伸和舒如意，毫無拘忌。

7.5 子曰：甚矣，吾衰也！久矣，吾不復夢見周公！孔子少時極慕周公，常夢見之。及老時，不復有夢，因嘆己身之衰。

7.6 子曰：志於道。志向於治平之道。以道爲目的。

據於德。立根於恩德。以恩德爲行事之動力也。

依於仁仁人。依附於仁人。以仁人爲己之輔導。

游於藝文。游息於藝文。以藝文爲娛樂也。

此四者，士君子之立身本末也。

7.7 子曰：自行束修以上，吾未嘗無誨焉。凡人能自束帶修飾而登吾門者，吾未嘗不教诲之。束帶修飾，十五歲以上人之事也。

7.8 子曰：不憤不啟教。心不憤憤欲求通者，則不教之。不悱（悲）不發。不悱悱欲表達者，則不開發之。舉一隅，不以三隅反，舉一隅而示之，而只知一隅，不知推及其餘三隅者。則不復再告也。此等人則吾一告之後，不再告之矣。

7.9 子食於有喪者之側，未嘗飽也。臨喪哀戚，不能多食也。

子於是日哭，則不歌。不歌，不舉樂也。以餘哀未忘也。

7.10 子謂顏淵曰：用之則行，舍之則藏，惟我與爾有能是夫。人用之，則出而行道；不用之，則入而隱遁。隨時進退，不強求焉，惟我與爾能之耳。用、舍二語蓋古語。

7.11 ☆ 子路曰：子行三軍則誰與？行三軍，用兵也。問孔子用兵時，與誰共事。

子曰：暴（搏）虎馮（憑）河，

死而無悔者，吾不與也。搏虎，徒手搏之，憑河，徒手涉之。血氣之勇，吾不與共。必也臨事而能懼，好善謀而能成決者也。吾所與共者，必是臨事能懼，不以輕心將之；好謀能決，不是多端寡要之人也。

7.12 ☆ 子曰：富貴而如可求也，可求，謂求之並不違道者。雖執鞭之士，吾亦爲之。孔子曾爲御。《子罕》篇所謂"吾執御矣"也。執鞭，賤者之事。如不可求，不可求，則求之須違道者。從吾所好。富貴有命，不可強求。不可求，則從吾所好也。所好，指教與學也。

此蓋孔子自言對富貴之態度也。

7.13 ☆ 子之所慎：齊（懠）怒、戰恐、疾嫉，憎厭。三者皆在惑之範圍之中，孔子慎之，故四十而不惑也。

7.14 ☆ 子在齊聞受韶。從人學之也。三月不知肉味。一心學韶，不思飲食也。曰：不圖爲樂之至於斯也。不意作樂竟至於斯也。斯，指不知肉味也。

7.15 ☆ 冉有曰：夫子爲（違）恨衛君乎？衛君，蓋指靈公。冉有問孔子亦恨衛君之不用己否。

子貢曰：諾，吾將請問之。

入曰：入孔子之室。伯夷、叔齊何人也（耶）？子貢不能直問孔子之恨不恨，故托古人生平之似孔子者設問。

曰：古之賢（勞）人也。伯夷、叔齊不事污君，不立於惡人之朝，一生東西奔走，落落無所合。晚年，方聞周文王善養老而往投之。故曰是勞碌之人也。

曰：怨乎？子貢以爲勞人必怨，故更問夷、齊亦有怨恨乎。

曰：求仁仁人而得仁仁人，又何怨？夷、齊所欲乃求成爲仁人，今既已成爲仁人，目的已達，復有何怨乎？

出曰：夫子不爲（違）恨也。子貢以孔子既以夷、齊爲無怨，則孔子自亦無怨。故出而告冉有，夫子不恨也。

7.16 ☆ 子曰：飯_食疏_粗食_飯，飲水，曲肱_臂而枕之，曲手臂作枕。樂亦在其中矣。貧賤生活亦有其樂趣。不義而富且貴，於我如浮_罰雲_云。我如以不義而得富貴，則如加罰於我身，我心神一刻不安也。

7.17 ☆ 子曰：加我數年，五十以學，易（亦）可以無大過矣。此言人應終身學之，必有長進，不可以年老爲辭而不學。孔子自舉爲例，意謂即如我，過數年，我即五十。我到彼時去學亦可以弄得差不多也，何況別人之更比我強者乎。此孔子之謙也。孔子言此之時，蓋在四十五六以後也。

7.18 ☆ 子所雅（夏）言：《詩》、《書》。夏言，中夏之音。孔子以夏言讀《詩經》與《書經》。執禮，皆雅（夏）

言也。執禮，掌禮也。贊禮、行禮之時，孔子亦皆用夏言。其餘日常生活則即用方言。

7.19 ☆ **葉公問孔子於子路**。葉公，楚大夫，姓沈名諸梁，字子高。

子路不對。不知所以對也。

子曰：女（汝）奚不曰："其爲人也，發憤（墳）忘食，墳，典籍也。翻開書籍則連飲食也忘記。**樂（敩）以（友）忘憂，**教誨朋友，忘了憂慮。**不知老之將至云爾。"**其精神常如少年，即老之將至亦忘之矣。孔子自道終不外好學與誨人兩事，此亦猶是也。

7.20 **子曰：我非生而知之者，好古，敏以求之者也**耳。當時有人以孔子爲生而知之者，故孔子言此。言己乃是學而知之者也。

7.21 **子不語**論**怪**怪異、**力**勇力、**亂**悖亂之事、**神**鬼神。不與人討論此四事之有無、當否，以皆非人道之所當急也。

7.22 ☆子曰：我三（参）驗人行，必有得我師焉。我考驗人之行爲時，必定能得我之師。擇其善者而從之，其不善者而改之。其行之善者，我擇而從之，是我之師也。其不善者，我擇而改之，此亦是我師也。但此師也，乃所謂反面教師也。

7.23 子曰：天生德於予，桓魋其如予何？桓魋，宋司馬向魋也。魋欲害孔子，孔子謂天賦我以德，與我以使命，必保佑我，不使桓魋之陰謀得逞也。

7.24 ☆子曰：二三子以我爲有隱乎（子），吾無何隱乎。爾，吾無行而不與，二三子者其是（視）丘也耳。弟子以孔子之道高深不可及，疑其有所隱匿而不告，孔子言此以解之。謂爾等以爲有隱，我有何隱乎？我之行動無不與爾等相共，二三子，其視丘之行動可耳。言不必專註意於我之言也。
此章見孔子以身教，不專以言教。

7.25 子以四教：文、行、忠（中）、信。孔子所以教者有四種：文，典籍也；行，日常行動也；忠，簿錄之學，即爲政事之學也；信，言論之學也。《論語》記者因上章而連及之。

7.26 子曰：聖人吾不得而見之矣，得見君子者斯可矣。聖人，聖王也。指古代君相堯舜禹湯文武周公而言。君子，賢君也。此嘆世無聖王，望有賢君也。

7.27 子曰：善人吾不得而見之矣，得見有恆者斯可矣。善人與有恒者概指君相平民而言。善人有美質，能向多方面發展。有恒者則能向一方面發展，而能將此發展堅持到底者也。

7.28 ☆ 亡（無）而爲有，虛而爲盈，約窮而爲泰通，難乎有恆矣。

此應別是一章，章首脫言者主名。

以無爲有，以虛爲盈，以窮爲通者難以成爲有恒之人，以此三者可暫而不可久，與常恒之德根本相反也。

7.29 ☆ 子釣而不綱（網），弋不射宿。

孔子於魚，用鈎釣而不用網捕。於鳥，則射飛者，不射在樹上停留者。不欲多取，不欲乘物之不備，純是仁者之用心也。

7.30 子曰：蓋有不知而作之者，_{不知而作，不知其理而率爾妄作也。}我無是也。

7.31 ☆多聞，擇其善者而從_行之。多見（聞）而識（誌）之，知（智）之次也。

此應別是一章，章首脫言者主名。

多聞之後，應擇其善者而行之。多聞之後，若不行而僅誌之，則此智是次智。言是不精之智也，是粗智也。

7.32 ☆互鄉難_拒與_施言_教。互鄉之人拒孔子，不使孔子得講學於其鄉，不使鄉人得受教於孔子。

童子見。_{互鄉童子來見。}

門人惑。_{門人怪之，疑惑不決，往問孔子。}

子曰：與_許，其_則進也。不與_許，其_則退也。唯（謂）何甚_勝？_{許之}

見，則進。不許見，則退。汝謂兩者之中，何者勝耶？**人潔己以進，與其潔（進）也，不保**固守**其往也**。人，此人也。潔己，沐浴之意。沐浴而來見，我應贊許其能進，並不固守其往日之態度也。

7.33 **子曰：仁（人）遠乎哉！我欲仁（人），斯**則**仁（人）至矣**。賢人並非矯遠而不可得者。我若肯求之，則賢人即至矣。此對當時君相不知求賢而嘆世無賢人者之言也。

7.34 ☆ **陳司敗問昭公知禮乎**？陳司敗，陳大夫。司敗，官名，即司寇也。昭公，魯君，名裯。

孔子曰：知禮。

孔子退。

揖巫馬期而進見之**，曰：**揖，陳司敗揖也。巫馬期，孔子弟子，名施。**吾聞君子不黨**偏私**，君子亦黨乎？君取（娶）於吳，爲同姓**。魯、吳皆姬姓。**謂之吳孟子**。稱爲吳孟子，使吳女若宋女姓者然。**君而知禮，孰不知禮？** 禮不娶同姓，是昭公爲不知禮也。

巫馬期以告。

子曰：丘也幸。苟有過，人必知之。 昭公知禮，有名於時，故孔子亦不加思索，徑以是答司敗，而不謂竟忘其娶同姓之一事也。引以爲幸者，以彼有將過改正之機會也。

7.35 **子與人歌而**若**善。必使反**復**之，而後和之。** 使復之者，使重歌之也。所以使復之者，欲確得其音節與言辭也。

7.36 ☆ **子曰：文**（忞）**莫**（慔），**吾猶人也。躬**（共）**行君子**有位者，**則吾未之**（爲）**有得。** 此孔子之自道也。忞慔，強勉也，猶言奮勉也。我之奮勉與人等耳，並不比人爲優劣。但可與我共行大道之諸侯大夫則吾迄未曾得之也。此言其一生列干各國，未得可與共事之人之辭。

7.37 ☆ **子曰：若聖**智**與仁。則吾豈敢。**

抑爲_學之不厭，誨人不倦，則可謂云_有爾（邇）近已矣。人有稱孔子爲聖且仁者，孔子言此自謙，謂我不能稱爲聖且仁，但爲學不厭，誨人不倦，有近於聖與仁耳。

公西華曰：正唯（惟）_是弟子不能學也。正是弟子不能學也。弟子，公西華自稱。

7.38 ☆ 子疾病。

子路請禱。請人（巫覡之類），禱，以求痊愈。

子曰：有諸？孔子得知之後，問有請人禱之事乎？

子路對曰：有之。誄曰："禱爾於上下神祇。"誄，禱神之辭。子路且引禱人《誄書》中之一句云："禱爾於上下神祇。"謂爲爾禱於上下神祇也。

子曰：丘之禱之則久（灸）矣。我之禱則針灸矣，言用針灸醫治也。子路關心孔子，爲孔子請禱，孔子自不能斥責之。但以此告之，亦足以使子路之宜更重人事也。

7.39 子曰：奢則不孫（遜）順，儉則固陋。與其不孫（遜）也，寧固。

不遜與固陋俱爲過失，但不遜之害尤大於固陋。以固陋只是自己之不善，害不及人。而不遜則且陵物，害及於人也。

7.40 ☆ 子曰：君子坦（恒）常蕩蕩，小人長常戚（慼）戚（慼）。

蕩蕩，寬廣貌。慼慼，迫促貌。此言君子、小人胸襟之異。

7.41 ☆ 子溫而厲嚴肅，威而不猛，恭而安安舒。

溫者不厲，厲者不溫；恭者不安，安者不恭，此常情也。但孔子則能將此相反之德操合爲一。

"威而不猛"句蓋讀者之註文，而誤入正文者。

卷八　泰伯篇

8.1 ☆ 子曰：泰伯其可謂至_{極即窮}德也，已矣！三以天下讓，民無得而稱焉。周古公有三子，長泰伯、次仲雍、三季歷。古公愛季歷，立之。臨終，又令季歷讓國於泰伯。泰伯曰："父命也。"三讓不受，偕仲雍逃之荊蠻，自立爲君焉。仲雍亡後，周爲之立嗣，爲虞國。泰伯亡後，周迄不爲立嗣，以致周民不知有泰伯，不得稱美泰伯之讓德矣。孔子以泰伯有美不彰，因嘆其德爲窮德，猶今人之言騫遇也。

8.2 子曰：恭而無禮則勞_{困苦}。

慎而無禮則葸_{畏懼}。

勇而無禮則亂_{悖逆}。

直而無禮則絞_{急切}。

禮所以節制人情，使其得中，無過不及者也。無禮則無節制，故有此四者之患。四者之患，皆屬於過之一面。

8.3 ☆ 君子篤厚於親，親，親屬也。則民興起於爲仁愛。起爲仁愛之行。故舊不遺棄，故，朋友也。舊，有勳勞者。則民不偷薄。君子，有位者也。此言民之化於君德也。

此章應別是一章，章首脫子曰二字。

8.4 ☆ 曾子有疾，召門弟子曰：啟（啓）視即示予足，啟（啓）視即示予手。曾子垂危時，召集門弟子，將手足示之。詩云："戰戰兢兢，如臨深淵，如履薄冰。"三句乃《詩經·小旻》篇之文。戰戰兢兢，手足顫動之貌。言手足顫動如臨深淵然，如履薄冰然也。而（爾）今而後，吾其知免（勉）夫，小子！如今而後，謂吾死後也。汝等小子，其知將戒慎恐懼之教自勉乎。曾子之學主戒懼，《詩經》三句足以集中表示之，故舉以勉門弟子也。

8.5 ☆ 曾子有疾。孟敬子問之。孟敬子，魯大夫仲孫捷也。

曾子言問曰：問，病少差也。蓋病中昏迷，神志略清之時也。鳥之將死，其鳴也哀；人之將死，其言也善。言此者，欲使敬子聽用其言也。君子所貴乎道者三：道，指禮也。動變容貌，斯則遠暴慢矣。依禮以變動容貌，則可使粗暴與傲慢之人遠離。暴慢之人多衣冠不整。正整顏色，斯則遠近信矣。依禮以振整顏色，則可使親信之人遠離。親信之人，指狎習之小人。小人近之則不遜。出降辭氣，斯則遠鄙倍（俗）矣。依禮以降低辭氣，則可使鄙俗之人遠離。鄙俗之人多粗聲暴氣。籩豆之事則有司存（在）。籩豆，禮器也。有司，祭祀時，主籩豆禮器之小吏。此言籩豆之事，禮之末節，則不必管之。孟敬子蓋急細務而忽大事者，故曾子告之如此。

8.6 曾子曰：以能問於不能，以有才能問於無才能者。以多問於寡，以多識問於少識者。有若無，實若虛，犯（範）而不校教，較量。其問之也，則以有作無，以實作虛，範圍人之答語，但不與以教訓，蓋欲其自得之也。昔者，吾友嘗從事於斯矣。吾友，指孔子也。昔者，孔子嘗行此法矣。此法大似蘇格拉底之詢問法。

8.7 ☆ 曾子曰：可以託六尺之孤，幼小之君也。可以寄百里之命，攝小國之政命也。臨大節而不可奪亂也者，大節，生死存亡之際。生死存亡不能亂之。君子，人與（歟）？君子，人也！此有位之君子，其是一個人乎，一個好漢乎？此君子乃是一個人也，一個好漢也。

8.8 ☆ 曾子曰：士不可以不弘（強）毅，任重而道遠也。士宜弘毅，以其責任甚重而路甚遠也。仁（人）以爲己任，不亦重乎？以天下人爲任，非重任而何？死而後已，不亦遠乎？到死方已，非遠路而何？此二語蓋原註文。

8.9 子曰：興於詩，詩道性情，讀之以興發自己之性情。立於禮，禮爲行事之規律，學之以確立自己之行爲。成於樂。樂以和心神，作之以養成自己之品性。性情既興，則有行爲。既有行爲，則不能不有規律。規律帶有強制性，不易爲人所接受，即接受矣，亦不能持久，故須作樂以調和之，使之習慣成自然。

8.10 ☆ 子曰：民可使，由用之。不可使，知之。民可役使，則即用之；不可役使，則使知之，言教誨之也。

8.11 子曰：好勇疾貧，亂也。人若好勇，又惡貧賤，必爲亂矣。人而不仁，疾之已太甚，亦亂也。不仁之人，疾之太過，亦爲亂矣。言將迫其爲非也。故孔子不爲已甚。

8.12 子曰：如有周公之才，之則美。使驕且吝，其餘不足觀也已。此章蓋論爲下屬與上司在物質生活上之關係。才，本質也。餘，餘裕也，衣食足也。言上司如有周公旦之道德本質則善矣。以周公之本質並不驕吝也。但設使其人而是驕且吝者，則下屬之足衣足食之生活就無足觀矣。因爲彼驕，則欲比人多取而少與人。生性又吝，吝則對錢財手段極緊，最好能不與人。結果只是彼一人獨佔，而爲貧而仕之下屬則說不到有餘也。

8.13 子曰：三年學，不至於穀_祿，不_毋易得（德）也。常人求學在得祿，三年學後，如不得祿，則必以爲己於此道不配，而將其爲學時所養成之德行變易。孔子謂即不得祿，亦不可將其德行變易也。

8.14 ☆子曰：篤（督）_正信（身）好學，守死_{窮善修治}道。危邦不入，_{須不往}。亂邦不居。_{須去也}。天下有道則見（現），_{與同志合作}。無道則隱。不與奸僞合汚。此言一人立身處世之大方針也。

8.15 邦有道，貧且賤焉，恥也。國治應出仕，處富貴。若國治而貧且賤焉，則必是其人無才之故，故可恥也。**邦無道，富且貴焉，恥也**。國亂應隱居，安貧賤。若國亂而富且貴焉，則必是其人倖進阿世，昧良貪污之故，故可恥也。
此章應別是一章，章首脫言者主名。

8.16 **子曰：不在其位，不謀其政**。此言不可侵職越分也。侵職則既妨礙他人之事務，又荒廢自己之工作矣。此爲出仕者言之。

8.17 ☆ **曰：師（思）摯（齊）之爲始，關雎之爲亂**，始，樂曲首章之名。亂，樂曲卒章之名。思齊，《詩經·大雅》篇名，指鄭、朱本之首二章而言。關雎，《詩經·周南》首章之名，即"關關雎鳩，在河之洲，窈窕淑女，君子好逑"四句是也。此蓋就節目之先後安排而言也。**洋洋乎盈耳哉！** 洋洋乎，美盈之意。言此兩樂曲樂音洪亮，充滿兩耳也。此蓋孔子自衛返魯使樂正與雅頌各得其所以後之事。

8.18 **子曰：狂而不直**，狂者宜直而不直。**侗愚駿而不願謹厚**，愚駿者宜謹厚而不謹厚。

悾悾野愨而不信，野愨者宜誠實而不誠實。吾不知（接）之矣。狂、侗與悾悾已是弱點而非善德矣，今且連與此弱點時常相偕之好處而亦無者，吾不與之接也。

8.19 ☆ 子曰：學如不（抔）及（吸），猶猶豫恐失之。吸，飲也。抔，兩手掬也。兩手掬之而飲，必須急速，若稍遲疑，則水必漏光。爲學亦如此抔吸，必須急速，若稍猶豫，則有失去之恐矣。

8.20 子曰：巍巍乎！巍巍，高大貌。舜、禹之有得天下也，而乃不與預焉。舜、禹之得天下，乃由於堯、舜之禪讓，舜、禹本人並不曾與其役，真偉大哉。

8.21 ☆ 子曰：大哉，堯之爲君也！巍巍乎唯天爲大，唯堯則等之。天下最大者惟天，而堯獨能與之等。蕩蕩乎，蕩蕩。廣遠貌。民無能名焉。其德廣遠，民不能名狀之焉。巍巍乎，其有成功事業也。其事業高大哉。煥煥乎，煥煥，光明貌。其有文章也。文章，禮樂也。其禮樂光明哉。

8.22 ☆ 舜有臣五人，五人：夏禹、稷、契、皋陶、伯益也。而天下治。武王曰："予有亂理吏臣十人。"十人：周公旦、召公奭、太公望、畢公、榮公、太顛、閎夭、散宜生、南宮适與邑姜也。

孔子曰：才難，不其然乎？唐虞之際，於與斯爲盛指周，有婦（五）人焉耳，九（十）人而已。唐虞之際與周，人才最盛，但唐虞之際，只有五人，周只有十人耳。人才難得，豈不然哉。

8.23 ☆ 三分天下有其二，以（猶）服事殷。此蓋記文王被囚羑里時之事也。天下九洲，歸周者六，而文王猶須服事於殷。

孔子曰：周之德，其可謂至極即

窮德也已矣。一般三分天下有二，應可以王，而周却還須服侍紂，故曰周之德乃是窮德也。此句之上脫孔子曰三字。

8.24 ☆ 子曰：禹，吾無_不間_非然_焉矣。菲_薄飲食，而致孝_養乎鬼神。惡衣服，而致美乎黻冕。衣服，常服也。黻，禮服之衣。冕，禮服之冠也。卑宮室，而盡（致）力（費）乎溝洫。費，財用也。溝洫，田間水道也。使財用於溝洫，所以於治好溝洫之後，使民得構室安居也。禹，吾無_不間_非然_焉矣。禹之所爲深合於帝王爲大衆服務，不爲自己打算之理，故孔子於彼無非矣。

卷九　子罕篇

9.1 ☆ 子罕_少言利。與_說命，與_說仁_{仁道}。利，孔子不多言之。不多言之者，以其不主張之也。孔子常說命，說仁。常說之者，以其主張之也。

9.2 ☆ 達巷黨_智人曰：大_達，_{達即射}哉孔子，博學，而_則無所成名。達巷之人蓋專於射，故有此名。此智人批評孔子之言也。智人謂孔子宜重射哉。若博學於文，教詩書，將無所成功也。

子聞之，謂門弟子曰：吾何執_習？執_習御乎？執_習射乎？孔子聽智人之言，因欲得一技藝而治習之。吾執_習御矣。熟思之後，乃決定習御。御為御大車、小車之技藝也。此蓋孔子早年教弟子時之事。後以教御不成乃仍舊而兼教文。

9.3 子曰：麻冕，禮也。麻冕，緇布冠也。據禮儀所規定，冕應用麻。**今也純**絲。今時習俗以絲爲之。**儉，吾從衆**。用絲省費，吾從衆用絲，不依禮用麻矣。**拜下，**拜則下堂。**禮也。**禮儀規定與人行禮時，當下堂而拜，然後升堂成禮。**今拜乎上，泰也。**今人即在堂上拜而成禮，不復下堂。**雖違衆，吾從下**。孔子以此爲驕而不恭，故不從衆。拜時，還是下堂。一事從衆，一事不從衆，純決於義也。

9.4 ☆ **子絕四**。孔子絕下列之四種人。絕，別異之意。別異之，尊異之也。

毋（無）意（憶）。憶，測度也。無充分理由而好預料人也、事也之必如此如彼者。無憶之人則能不逆詐，不憶，不信。

毋（無）必。必，期必也。欲一事之必如此也。無必之人能相時而動，隨機應變。

毋（無）固故，即巧詐。無故之人凡事能以誠持之，照正道而行。

毋（無）我。我，身也，猶言私也。善取於人以爲善，能殺身成仁。尸子所謂孔子貴公也。

9.5 子畏_{拘囚}於匡，匡人欲害孔子，拘囚之。曰：文王既没。文不在兹_此乎？

文，道也。兹，孔子自指。言文王没後，其道現在我身。

天之_若將喪斯文也，後（候）死者_{候死者，猶言等死之人，孔子自指也。孔子爲匡人所拘，隨時可被殺，故自稱候死者。}不得與於斯文也（矣）。

天若欲喪斯道，則我將不得更預於斯道了，指上文"文王既没，文不在兹乎"而言。意謂我既已預於斯道了，匡人就不能奈何我了。

天之_若未_不喪斯文也，匡人其如予何？

天若不欲喪此道，則我必不死，匡人雖拘囚我，亦不能奈何我也。

此章與《述而》篇"天生德於予"章皆見孔子於危急之時能聽命於天。

9.6 ☆ 大（太）宰問於子貢曰：_{太宰，蓋吳大夫太宰嚭也。}夫子聖_智者與（歟）？

何其多能也（耶）? 多能，多技能也。太宰以爲聖人不應多技能，而孔子多技能，故不信孔子是聖人。

子貢曰：固乃**天縱之將**大**聖。又何多能也（耶）?** 子貢謂夫子乃爲天所放下之大聖人，並不多技能也。子貢以多能爲可恥，故否認之。

子聞之，曰：大（太）宰知我乎！ 孔子以爲自己目前並不多能，而太宰說是多能，可見其知我之過去也。故謂太宰知我。**吾少也賤，故多能。** 我以少時卑賤之故，乃多能。**鄙事，君子多（侈）掩乎哉?** 此更批評子貢之失言也。**不多（侈）也。** 子貢以多能爲鄙事，乃否認之，是掩蓋也，但君子不必掩蓋鄙事也。**牢（聊）**且**曰：子云："吾不試**用**，故藝。"** 此告子貢以所應對也。汝且曰："夫子曾說：'吾以不見用之故，故多技能耳。'"

9.7 ☆ **子曰：吾有知（智）乎哉? 無知（智）也。** 我有知識乎? 我並無知識也。**有**

鄙夫問於我，空(悾)空(悾)如也。鄙夫問事於我，態度誠懇。我叩發動其兩端而竭止焉。我只發動其正反兩端而已矣。孔子之意是我只能讓鄙夫自思而不能為鄙夫作決定，故是無智也。

9.8 ☆ 子曰：鳳鳥(雒)洛不至(出)書，河不出圖，吾已去矣夫！河、洛皆地名，指黃河與洛水流域。河洛之間為周代文化最發達之處，人才薈萃，圖書蜂出，孔子往游之後，見其地衰落，圖書絕跡，因欲去之。

9.9 子見齊衰者有喪者，冕。冕，冠也。孔子往見齊衰者，必加冠。《鄉黨》篇所謂弁也。衣裳者尊貴者與瞽者盲人，見之，雖少必作起。過之，必趨。疾行。衣裳者與瞽者，孔子接見之，雖年輕者亦必起立。孔子經過彼等前時，則疾行，所以表尊敬與哀矜也。

9.10 ☆ 顏淵喟然嘆曰：此贊孔子也。仰上之焉彌極高穹高，鑽下之焉彌極堅剛土，

瞻（昭）之_為**在前，忽（曶）焉在後，夫子循（揗）循（揗）然**_焉。揗揗，摩研也。此言孔子之學也。上極穹蒼，下至黃土，現在昭昭，過去冥冥，空間、時間兩間所有，夫子無不摩研又摩研之。

善誘（牖）_{開導}**人，博我以文，約我以禮。欲**_{貪者}、**罷**_{罷軟者}、**不能**_{無能者}，**既**_盡**竭吾**_其**才，如**_而**有所立**_成。此言孔子之教也。孔子博我等以文籍，約我等以禮義。貪得者、罷軟者、無能者都各竭盡其才而有所成就。**卓爾！**卓爾，卓爾不群，超逸尋常之意。**雖欲從**_蹤**之，末**_無**由**_用**也已**。如此卓越之人，雖欲追蹤之，亦無用矣。

9.11 ☆ **子疾，病。子路使門人爲臣**。孔子爲大夫時，有家臣，此時不爲大夫，無家臣。子路以孔子病危必死，乃使門人冒充孔子家臣，某也執彼事，某也執此事，準備在入殮時，與衣衾棺椁方面大葬孔子。

病閒少差，曰：久（疚）恥矣哉！由之行詐也。可恥哉，由之行此欺詐之事也。無臣而爲僞有臣。假充有臣。吾誰欺？欺天乎？言此事我無人可以欺騙，我欲欺天乎？

且予與其死於臣之手也，無寧無寧，寧也。死於二三子之手乎！而且我不願死於臣之手，我寧死於二三子之手啊！

且予縱（從）不得貪大葬，予死（屍）陳於道路乎？而且我從來不貪大葬，我會陳屍於道路之上乎，要臣何用？大葬即厚葬。孔子此言固出於一時之氣憤，但亦是其一貫的不贊成厚葬之表現也。

9.12 ☆ 子貢曰：有美玉於斯，韞匣匵匱而以藏諸之乎？求覓善賈而沽賣諸之乎？此子貢見孔子不仕，故設此問。善賈，識貨之賢賈人也，指諸侯大夫。韞，匣也。匵，匱也。用匣，用櫝以藏，抑出而尋求愛玉之商賈而賣與之乎？

子曰：沽_賣之哉！沽_賣之哉！_{應出賣，應出賣。}我待_備賈_沽者也。_{孔子心知子貢以美玉比己，故答曰"沽之哉！"之後，即明白講到自己，謂我乃備出賣者也。}

9.13 ☆ 子欲居九夷。_{九夷，屬楚之夷，野蠻民族也。孔子道不行於中國，故欲往居於九夷。}

或曰：陋，如之何！_{其地鄙陋奈何。}

子曰：君子居之，何陋之有。_{此言九夷有君子居之，可見其不陋矣，故我可以往也。九夷有君子，所謂十室之邑，必有忠信也。}

9.14 子曰：吾自衛反（返）魯，然後樂正、_{樂正，樂師也。}《雅》《頌》_{《雅》《頌》，樂曲也。}各得其所。_{聲歌各有所宜。《樂記》曰："愛者宜歌《商》，溫良而能斷者宜歌《齊》，寬而靜、柔而正者宜歌《頌》，廣大而靜、疏遠而信者宜歌《大雅》，恭儉而好禮者宜歌《小雅》，正直而靜、廉而讓者宜歌《風》。孔子以魯哀公十一年返魯。孔子未返魯以前，樂師所歌不合其性，宜歌《風》者乃歌《頌》，宜歌《大雅》者乃歌}

《小雅》。孔子返後，始將樂曲與樂師調正，使樂師與其所歌之樂曲各得其宜焉。師摯歌《關雎》之亂，洋洋盈耳，其明驗也。舉《雅》《頌》不舉《風》者，則以《雅》《頌》概《風》也。

9.15 ☆ 子曰：出則事公卿，入則事父兄；喪_失事，失事，失所事也，謂無父兄公卿可事時。不敢_{干犯}，不勉_{強暴}，不爲酒（酋）困（魁），何_誰有_得於我哉？我入事父兄，出事公卿；失所事時，亦不干犯，亦不強暴，不爲首魁率衆作亂。弟子之中，誰有得於我者乎？言弟子之無得於己也。

9.16 子在川上曰：逝_去者如斯夫，不舍晝夜。逝者，指歲月。此嘆光陰不再來，歲月如流也。

9.17 子曰：吾未見好德如好色者也。嘆時人只好美女而不好有德之人也。

9.18 ☆ 子曰：譬如爲_造山，未成一簣，止，吾止_已也。譬如平地，雖

（惟）覆毁一簣，進，吾往也。此孔子與衆人比較其行事態度之異同也。平地，謂將高地平之，使爲平地也。平地之時，惟毁一簣，開始之時也。進，衆人皆進也。衆人皆進，吾亦往也。此與衆人同者也。造山之時，山已將成，只少一簣耳，止，衆人皆止也。衆人皆止，我則不止。而已之，已，謂終結之，畢其功也。此則與衆人異者也。《中庸》所謂"遵道而行，半途而廢，吾弗能已矣"，即是此章之意也。總之，孔子與衆不同之處，乃爲衆人有始無終，而孔子則有始有終也。

9.19 ☆ 子曰：語之而不惰怠者。其回也與（歟）？孔子言我與人語，其能聽受而不懈怠者，惟顔淵一人耳。他人不能也。

9.20 ☆ 子謂論顔淵曰：惜乎，吾見其進也，未見其止也。此顔回死後，孔子追憶之之辭也。謂顔淵一生，吾只見其奮勉精進，而未見其怠惰休息也。如此之人而竟短命而死，惜哉。

9.21 子曰：苗而不秀者有矣夫！秀而不實者有矣夫！穀之初生爲苗，吐華爲秀，成穀爲實。此以穀之種子喻人一生之變故也。抽葉未開華而即萎者是夭折者也。開華未結實而即枯者是垂成而廢者也。生理之常未能遂順，可勝浩嘆。此章蓋亦爲顏淵而發。

9.22 ☆ 子曰：後生可畏，焉知來者之不如今（丘）也（耶）？此孔子道其對入其學之弟子之看法也。後生，少年也。來者，指入學之弟子也。可畏，言後生之不可侮，不可輕視之也。以其將來無限，可能如我也。

四十五十而無聞焉，斯亦_則不足畏也已。無聞，無聲譽聞於世也。但若此弟子至中年而尚無聞於世，則不足畏矣。以其顯然是庸材也。

9.23 ☆ 子曰：法语（禦）_禁之言，能無從_聽乎？改之爲貴。法禁之言，自能聽之，但聽之不足貴，能引以改正自己的行爲方爲貴耳。

巽_婉與_徐之言。能無說（悅）乎？繹之爲貴，婉徐之言，自能喜之，但喜之不足貴，能抽尋其所含之意義方爲貴耳。

說（悅）而不繹，從而不改，吾末如之何也已矣。 若悅之而不繹之，聽之而不改之，則吾對此人更無辦法矣。

9.24 子曰：主忠信，毋友不如己者，過則勿憚改。

9.25 子曰：三軍不可奪帥也，匹夫不可奪志也。三軍不可以奪去將帥，蓋將帥爲三軍之主，奪去將帥，則三軍無主，必致潰敗也。匹夫不可奪去意志，蓋意志爲匹夫之主，奪去其意志，則匹夫心中無主，必至一切仰人鼻息，隨人俯仰，而完全失去其爲人之資格也。

本章此兩句不是並列之句，蓋以三軍之帥句爲匹夫之志句之比喻也。

9.26 子曰：衣敝（弊）縕棉袍與衣狐貉者立而不恥者，其由也與（歟）！子路心胸俊偉，無貧賤之見，故能爲他人之所不能爲。

9.27 ☆ "不忮害不求貪，何用不臧善?"子路終身誦之。二句《詩經·邶風·雄雉》篇之文。言人能不嫉害，不貪求，則用之於何處而不善乎？謂此言到處可用，都能得到好結果也。子路深有取於此二語，故終身誦之。

子曰：是道也，何足以以爲臧善！是道不足以爲善。蓋以其只爲消極之道，而不是積極之道，能不嫉害人，不貪求於人而已，並不能立己立人，達己達人也。

9.28 子曰：歲寒然後知松柏之後彫（凋）也。歲寒，霜雪既降時也。春夏二時，松柏與衆木皆各茂美，並無不同之處。及至秋冬，霜雪既降之後，方知衆木無不凋零，而松柏則常年青青也。比喻欲知君子須在非常之時也。君子、小人在平時，無甚區別，而一遭非常之時，小人無不隨逐而去，而君子則蠹然中流，不少移焉。士窮見節義，世亂識忠臣，此之謂也。

9.29 子曰：知（智）者不惑。智者見理明故不惑。

仁者不憂。仁者愛人，自不愁人之陵犯之，故不憂。

勇者不懼。勇者見義而爲，不計利害，故不懼。

9.30 ☆ 子曰：可與共學，未可與適善道。此章言弟子之能力各有不同之限制也。可與共學者，則不可與善道。學指讀書。道指治平之道。善道，修道也。此種人只可與之同讀書，蓋書呆子也。

可與適善道，未可與立。可與適道者則不可與有所建立。此種人蓋只能言而不能行者也。

可與立，未可與權。可與建立者則未可與之權變。此種人蓋只能守經，固執不化者。所謂能權者則能相對而動，隨機應變，所決定者看似反經，而其實則是合道者。能權，此則盡善盡美矣。

9.31 ☆ "唐棣之華，偏（翩）其然反（翻）而。翻，翻動也。翩其，花翻動貌。豈不爾思，室是遠而。"此逸詩，情詩也。言爾室在遠，我思亦徒然耳。

子曰：未之思也耳，夫何遠之

有？孔子批評此詩曰："此其實是未曾思耳。若實思之，則室並不遠也。"

卷十　鄉黨篇

10.1 ☆孔子於在鄉黨，恂恂如也，恂恂，恭順貌。似不能言者。其在宗廟朝廷，便（辯）便（辯）言，唯謹爾。辯辯，辯而又辯也。辯辯而言，能極言也，但措辭謹慎耳。

10.2 朝在朝，與下大夫言，侃侃如也。侃侃，和樂貌。與上大夫言，誾誾如也。誾誾，中正貌。待下以寬，事上以嚴也。

10.3 君在，視朝也。踧踖如也，踧踖，平易貌。與與如也。徐徐貌。徐徐，猶安舒也。

10.4 ☆君召使擯（儐），出接賓客之人爲儐。使儐，使爲儐接賓客也。色，勃如也。勃如，矜莊貌。**足，躩如也**。躩如，急速貌。

揖所與立，左右其手。揖左邊之人，則左其手；揖右邊之人，則右其手。**衣前後，襜如也**。襜如，整齊貌。揖時，衣之前後襜如也。

趨進，翼如也。翼如，端好貌。

賓退，必復命曰："賓不顧矣。" 賓退必回言於君曰："賓已去遠，不回顧矣。"此言爲儐相時之容也。

10.5 **入公（宮）門**，宮廟之門也。**鞠躬（窮）如也**，鞠躬謹敬貌，屈身以表之。**如不容**。如宮門狹小不能容受之者然。

立不中當**門，行不履**踐**閾**門限。

過位，壇位也。祭時，與祭者所立之處也。在中廷之左右。**色，勃如也，足，躩如也，其言似不足者**。言似不足，不高聲而言也。

攝摳齊升堂，齊，衣下緝也。堂，神所在也。鞠躬（窮）如也。屏閉氣似不息呼吸者。接近鬼神有恐懼之意焉。

出，出堂。降一等，等，階之級也。逞放顏色，怡怡如也。怡怡，和悅貌。沒下階，趨進前，翼如也。趨前，趨歸其位也。

復其位，踧踖如也。此言在廟與祭時之容也。孔子見神見鬼敬而遠之。

10.6 執圭玉，聘問時所用。鞠躬（窮）如也，如不勝。如力不足者。

上如而揖，下如而授，上堂揖主人，下堂授物於人之時。勃如戰色（瑟），面容變動。足蹜蹜，如有循。足蹜蹜，舉足促狹也。如有循，一如緣地而行者然。言足不離地，舉足之前，曳足之踵而行也。

享飲禮（醴），有容色。有容色，顏色

和悅也。赴宴會之時，顏色和悅。

私覿見，**愉愉如也**。愉愉，和悅貌。私見，非行禮之時而見也。

此言聘問鄰國與接待鄰國使臣時之容也。

10.7 ☆ **君子不以紺緅飾**。紺，紫玄之色。緅，紅纁之色。飾，以爲領與袖之緣也。不以紺緅飾，以其類衣齋服與禮服也。

紅紫不以爲褻服。褻服，私居便服也。不用紅紫，以近於女子也。

10.8 ☆ **當暑，袗**單服**絺綌**，絺綌，葛料也。**必表而出之**也。表，加於親身衣外之衣也。出，出門也。在家，單衣絺綌。出外，則加表衣於絺綌之上。

10.9 **緇衣羔裘，素衣麑裘，黃衣狐裘**。何種顏色之衣，則用何種顏色之裘以配之。欲裘色與衣色相稱也。

10.10 ☆ **褻裘**褻裘，便居之裘也。**長短**（袆）袆，布袍也。**右（有）袂**。袂，袪也，所以覆袖者。褻裘、長袆有袂者，所以護袖使不污也。

10.11 必有寢衣，長一身有（又）半。寢衣，睡時所用之衣也。

10.12 ☆ 狐貉之厚（後）以居坐。以狐貉之後部爲褥而坐之。

10.13 ☆ 去喪，無所不佩。佩，所以飾也。有服，則去佩。除服，則物之可以爲飾者皆佩之矣。

10.14 ☆ 非帷裳必殺縫之。帷裳，朝祭之服，腰有襞積。非帷裳，謂深衣也。深衣則腰無襞積，而縫殺之。縫殺之者，所以省料也。

10.15 ☆ 羔裘玄冠不以弔。吉事主玄，喪事主素。弔必服素，故不用玄色之裘與冠也。

10.16 ☆ 吉（告）月必朝服而朝。告月，告朔也。告朔之時，必朝服而朝君。

10.17 ☆ 齊（齋）必有（以）明。明，嚮晨之時也。衣布。衣布，衣大布之衣也。齋，潔也，謂沐浴也。沐浴必於嚮晨之時爲之。浴後，衣布，所以晞身也。

10.18 齊（齋）必變食，居坐必遷坐。

齋時必變常食，不飲酒，不茹葷。葷謂葱韭之屬也。必變其坐處。坐時，則將其所坐之席位移動。

10.19 食不厭足精_{精鑿}，精鑿，鮮明貌，猶白也。謂飯愈白愈好。膾不厭足細。牛、羊、魚等聶而切之爲膾。膾切得愈細愈好。

10.20 食饐_壞而餲_臭，魚餒而肉敗，不食。

色惡，不食。

臭_{氣味}惡，不食。

失飪，不食。失飪，謂失生熟之節也。或未熟，或過熟。

不時，不食。不時。謂五穀未成，果實未熟之類。

割不正，不食。解牲不以其制爲不正。謂將骨角亂斬亂切也。不食，恐碎骨哽喉也。

不得其醬，不食。不得其醬，調味不得其宜也。

10.21 ☆ 肉雖多，不使勝食氣（餼）。食饌，飯料也，飯與點心之類也。魚、肉雖多，不使其超於飯料。此言席上餚饌之比例也。

10.22 ☆ 惟（雖）酒無量限，不及亂。
飲酒雖無限量，但不至於亂。亂，謂醉也。

10.23 沽酒，市脯，不食。脯，乾肉也。沽酒與市脯皆是買來之物。不食，以其不清潔也。

10.24 不撤薑食。薑食，蓋以薑作成之糕餅也。常備之，以供不時之需。不多食。但適可而止，不過飽也。

10.25 ☆ 祭於公（宮），不宿豫肉。宮，公家之廟也。祭於公廟，蓋如今燈祭之類也。不豫肉，不預先備肉也。言牛羊必於祭日方屠宰也。

祭肉不出三日，出三日不食之矣。若祭肉留宮中不出至三日之久，則不食之矣，以其已敗矣。

10.26 食不語論難。食時不論難，以妨飲食也。寢不言。直言曰言，一人自語也。寢時不語，恐驚人也。

10.27 雖疏食、菜羹、瓜祭，必齊如

也。粗飯、菜羹與瓜祭時，亦必齊如也。齊如，肅敬貌。

10.28 席不正不坐。設席有偏斜爲不正。必正而後坐之。自七章"君子不以紺緅飾"以下至此乃後儒雜記《曲禮》，並非皆是孔子之事也。

10.29 鄉人飲酒，飲酒，宴會也。杖者出，斯出矣。杖者，老人。老人出，孔子始出，不敢先老人出者，尊老也。

10.30 ☆ 鄉人儺。儺，古時年終驅逐疫癘之鬼之俗也。儺者蒙熊皮，執戈，揚盾，口作儺儺之聲，比户而索之。朝服而立，於以阼（酢），階。朝服，皮弁服也。酢，酬酢也。此鄉人至孔子家時，孔子迎入而勞之以酒，與之酬酢也。所以衣朝服者，欲同於鄉人之蒙熊皮也。

10.31 問遺人於他邦，再拜而送之。問人於他邦，遺贈他邦之友人也。再拜送使者，致其鄭重之意也。

10.32 康子饋藥。拜而受之，曰：丘未達，不敢嘗。藥，蓋補藥也。未達，未明藥性也。此記孔子之謹慎。

10.33 廄焚。廄，養馬之處。

子退朝，曰：朝畢而退，返家也。傷人乎？不問馬。問人，不問馬，重人輕畜也。

10.34 君賜食，食，熟食也。必正席先嘗之。將席整頓，而先試嘗之。

君賜腥，腥，生肉。必熟而薦之。薦，祭其祖先也。

君賜生，必畜之。

10.35 侍食於君，君祭，先飯。祭者，古人食時，取每種食品少許，置於豆間，以報先代始爲飲食之人也。古禮俗，君食時，有人授祭品，嘗食，君乃食。今君自祭，故孔子先飯，爲之嘗食也。不欲更讓君任此勞也。

10.36 疾，君視之。東首，面向東也。加朝服，拖紳。以在病中，故不換衣，而只於褻服之上加朝服，拖帶以接君也。

10.37　君命召，不俟駕，行矣。君召，即徒趨而往，不待駕車，急公事也。

10.38　入大（太）廟，每事問。

10.39　朋友死，無所歸。無人可歸也。

曰：於！我殯。曰，孔子曰也。於，嘆聲。我殯之乎！重朋友之誼也。

10.40 ☆ 朋友之饋，雖車馬，非祭肉，不拜。不拜朋友之饋，以朋友有通財之義也。拜祭肉，敬朋友之祖考也。

10.41　寢卧不尸。尸，僵直如屍之意。卧不屍，不直伸其四肢，如死人也。卧當欹而少屈。孔子曲肱而枕，正合於養生之道。

居坐不容。容，容儀也。坐如尸，作客與見客時之容也。孔子閒居之時，申申夭夭，四肢和舒。

10.42 ☆ 見齊衰者，雖狎，必變（弁）。往見有服者，雖是近習之人，亦必戴皮弁而往。

見冕者與瞽者，雖褻，必以貌。貌，委貌，緇布之冠也。往見冕者與瞽者，雖是狎褻之人，亦戴委貌而往，皆言其敬也。

10.43 凶服者式之。式，憑車前橫木以致敬也。在車上，見有服喪服者，式之。

式負版者。負版，重喪之服。見服負版者，孔子則式之。此句乃是《論語》記者之註文，說明孔子所式者爲服何種之喪服者。以喪服甚多，孔子究不能見任何喪服而式之也。

10.44 ☆ 有盛饌，必變（辨）色而作起。此日將有宴會，則必於天方曙時起床，所以作充分之準備也。

10.45 ☆ 迅汛、雷、風、烈暴，必變（辨）。汛，大水也。《禮記·玉藻》所謂"甚雨"也。烈，猛火也。遇見此四種災象時，孔子必辨之。辨之，辨明之，研究之也。

10.46 ☆ 升車必正立，執綏。正立，中立也，立於車之中也。綏，車中把也。升車之後，必正立，而手執綏，所以防車之震動也。

車中不內顧。內顧，顧視車中也。不內顧，言外顧也。外顧車外，則道路之高下，樹木之丫枒，了了在目，車過去時，有所準備，不致出不意而起驚恐矣。

不疾言，不大聲而言。**不親（伸）指**。不伸指，不東西指劃也。後二者皆恐驚惑車外之人也。

10.47 ☆ "**色斯**然**舉矣，翔（詳）而後集**止。" 色然，驚駭貌。見人驚駭，突然而起，審視之後，乃下止於地上。兩句乃逸詩。

子曰：**山梁雌雉，時（是）哉，時（是）哉**。是哉，是哉，猶言如此哉，如此哉也。此，指逸詩之所言。

子路共法**之**。法之，猶言摹仿其形狀也。

三嗅（戛）鳴**而作**起。三鳴，三作雉聲也。三鳴而起，蓋起舞也。子路聞言之後，想起雉之動作，因而摹仿雌雉之形容也。

卷十一　先進篇

11.1 ☆ 子曰：先進於禮樂，野人也。後進於禮樂，君子也。此孔子論其先後期學生之言也。禮樂乃孔子教育之主要課目，故即以是代表其學校。謂先進吾校者，野人也。野人，鄉野之人也，如子路之類。後進吾校者，乃君子也。君子，都邑之人也，如孟懿子之類。

如用之，則吾從使先進。如有用之者，則吾當使先進去也。欲使先進者，蓋以先進之弟子出身鄉間，性情誠樸，學於孔子，乃真好其道，而欲竭力實行之者也。故可以使之出仕。至於後進之弟子，則是城邑之人，習於浮華，其學於孔子也，無非是慕其大名，希列門牆，以為光寵而已。於行道之誠，乃絕無而僅有者也。故孔子不欲使之矣。

11.2 子曰：從我於陳蔡者，皆不及在門也。此蓋孔子一時懷念其弟子之辭也。從我於陳蔡者皆已散去，不在吾之門下矣。

11.3 ☆ 德行：顏淵、閔子騫、冉伯牛、仲弓。德行，有道德也。

言語：宰我、子貢。言語，有辭令，長於應付也。

政事：冉有、季路。政事，有治國家政事之才也。

文學：子游、子夏。文學，善於講述先代遺文也。此章記孔子諸大弟子之特長。

11.4. 子曰：回也，非助我者也，於吾言無所不說（悅）。顏淵於孔子之言無不喜好，一切接受，並無獻替，孔子於彼不能收教學相長之效，故曰無助於我。孔子此言若有憾焉，其實乃深喜之。

11.5 ☆ 子曰：孝哉，閔子騫！人不閒（聞）於與其父母昆弟之言。子騫早喪母，父娶後妻，生二子，疾惡子騫，以蘆花衣之，子騫受委曲，却不向人說出。孔子稱其孝。謂人並未聽到子騫之向彼等說其與父母昆弟之言也。

此章閔子弟子所記。

11.6 南容三復"白圭"。孔子以其兄之子妻之。"白圭",《詩經‧大雅‧抑》篇之文,曰:"白圭之玷,尚可磨也。斯言之玷,不可爲也。"南容讀此詩,三反復之,是有心於慎言者也。故孔子以姪女嫁之。

11.7 季康子問弟子孰爲好學。孔子對曰:有顏回者好學。不幸短命死矣,今也則亡_無。

11.8 ☆ 顏淵死。

顏路請子之車以爲之_其椁。顏路,顏淵之父。路請得孔子之車以爲顏淵葬前殯棺之椁,蓋欲厚葬之也。

子曰:才不才_{才稱顏路,不才,孔子自稱}。亦各言其子也_矣!鯉也死,有棺而無椁。鯉,孔子之子伯魚也。鯉死時,殯並不用椁。吾不徒_步行以爲之_其椁,以吾從大夫之後,不可徒行也。此言鯉死時不用車子之事以拒顏路之辭也。無車則須步行，而吾忝在大夫之列，不可步行，故用同樣理由又應用於顏淵也。孔子此時雖不爲大夫，但有國老之資格，尚預聞國政，故曰從大夫之後也。

11.9 顏淵死。

子曰：噫，天喪亡予！天喪亡予！噫，傷痛之聲。天亡我，以己喪失輔佐，道將不能行也。

11.10 顏淵死。

子哭之，慟。慟，容貌變動也。

從者曰：子慟矣！勸止其哭也。

曰：有爲慟乎？言爲之慟乎？非夫人之爲慟而誰爲？夫人指顏淵。言顏淵非他人之比，哭之宜慟也。

11.11 ☆ 顏淵死，門人欲厚葬之。

子曰：不可。

門人厚葬之。不聽孔子。

子曰：回也，視予猶父也，

予不得視回猶子也。孔子薄葬伯魚，今不得薄葬顏淵，是不得以子視之也。非違即離我也者，夫二三子也。將我與回離開者乃彼二三子耳。此責門人也。

11.12 ☆ 季路問事鬼神。問如何祭祀鬼神也。天神曰神，人神曰鬼。

子曰：未能事人，焉能事鬼神？人猶未能事，何能事鬼神乎？言宜先事人也。

曰：敢問死？再問死之理。

曰：未知生，焉知死？生尚未能知，何以欲知死乎？言宜先知生也。《大學》曰："物有本末，事有終始，知所先後，則近道矣。"知所先後，即是格物。就是衡量事物之孰應先，孰應後，而以當務爲急之事也。此章孔子所言即是漢儒《大學》格物之本也。

11.13 ☆ 閔子騫侍側，誾誾如也。誾誾，中正貌。子路，行行如也。行行，剛強貌。**冉有、子貢，侃（衎）（衎）如也。**衎衎，和樂貌。諸人之氣象各異。

11.14 ☆ **子樂（曰）：若由也，不得其死然焉！**子路死於衛孔悝之難。衛人醢之。此蓋孔子得信後之傷悼辭也。謂由善人，宜得善終，而竟橫死，誰料得及耶。

11.15 ☆ **魯人為**作**長府。**長府，魯邑，此蓋魯昭公之事。昭公欲討季氏，乃於長府舊城外另作一城，以為軍事之根據地。

閔子騫曰：仍厚**舊貫（關）如**往**之何（可）。何必改作？**舊關即舊城。加厚舊城，適之即可，不必另作新城。

子曰：夫人不言，言必有中。此贊子騫之辭。子騫言不多發，發則必當理。

11.16 **子曰：由之瑟，奚**何**為於**在**丘之門？**子路之瑟有北鄙殺伐之聲，與孔門《雅》《頌》之音不合，故謂何以在我之門乎？言其門下不應有此聲也。

11.17 ☆ **門人不敬子路**。門人以子路之學粗率，不敬之。

子曰：由也，升堂矣，未入於室也耳。升堂、入室，喻爲學之次第。此爲門人解之也。謂子路之學已有工夫，只是尚差一間耳，未可即輕之也。

11.18 **子貢問師與商也孰賢？**

子曰：師也過，商也不及。過，過頭也。不及，不够也。

曰：然則師愈勝**與（歟）？** 子貢以爲過勝於不及。

子曰：過猶不及也。以其俱非中道也。蓋子張過，近於狂。子夏不及，近於狷也。

11.19 ☆ **子曰：季氏富於周公**，周公旦之子孫封於王畿之内，世爲周王卿士者。**而求也爲之聚斂而附益之**。冉有爲季氏宰，爲之搜刮，以益其富。**子曰非吾徒**

也，背吾之教，非吾弟子。**小子鳴鼓而攻之可也**。小子，呼門人也。鳴鼓而攻之，公開聲其罪也。蓋令門人向冉有作示威運動也。哀公十一年，季氏欲用田賦制度，增加賦稅，使冉有徵求孔子意見。孔子不贊成，主張斂從其薄。冉有最後還是聽從季氏而實行田賦制度。此章所言乃是對此事而發。

11.20 ☆ **柴也愚**。章首脫子曰二字。柴，孔子弟子高柴，字子羔。愚笨，不聰明。

參也魯。魯，遲鈍，不敏疾。

師也辟（僻）。怪僻，不中正。

由也喭吸喭。吸喭，鹵莽也，不和柔。

此論諸弟子之缺點也。

11.21 ☆ **子曰：回也其庶乎屢**每**空**通。每通，每事皆通也。言回庶幾乎能每事皆通，每事皆能辦好，其他弟子則不能也。**賜**（使）**不**（彼）**受命而貨**財**殖**生**焉**，假使他受教命而從事貨殖，財物曰貨，種藝曰殖。**億則**

屢中（得）。十萬爲億。億則屢中，謂十萬之富可屢得也，如《史記·范蠡傳》所謂"十九年之中三致千金"也。

11.22 子張問善人之道。問爲善人之法也。

子曰：不踐循迹路，亦則不入於室。欲入室，須循入室之路。喻欲爲善人，亦須爲善人之所爲也。孟子謂："子服堯之服，誦堯之言，行堯之行，是堯而已矣。"即此章之旨也。

11.23 ☆ 子曰：論（淪）篤是與救助，論篤，勞困者。君子者乎？有地位者。色（瑟）莊者乎？瑟莊，矜莊也，有善心者。此謂能救助勞困之人者，其是君子者乎？其是矜莊者乎？君子救助勞困之人，以有救助人之具也。矜莊之人救助勞困之人，則以富於同情心與責任感也。

11.24 子路問聞斯行諸之乎？問有所聞，即行之乎？

子曰：有父兄在，如之何其聞斯行之？有聞不得即行，須先問於父兄。

冉有問聞斯行諸之乎？

子曰：聞斯行之。有所聞即應行之。

公西華曰：由也問聞斯行諸之乎，子曰："有父兄在。"求也問聞斯行諸之乎，子曰："聞斯行之。"赤也惑，疑惑其問同而答異。敢問。敢問其故。

子曰：求也退謙退，故進之。謙退者失在不行，故勸其即行。由也兼並、勝人，故退之。勝人者失在多行，故阻之。此孔子之因人施教也。

11.25 ☆ 子畏於匡，與匡人鬥不勝，被拘囚也。

顏淵後（候）。往獄中問候也。

子曰：吾以女（汝）為死矣。孔子疑顏淵於自己被拘時，已戰死。

曰：子在，回何敢死？子在匡人隊中，回不敢死戰，以恐激怒匡人，將與夫子不利也。

11.26 ☆ 季子然問仲由、冉求可謂大臣與（歟）？

子曰：吾以子爲有異之（事）問，曾乃由與求之問。吾以子有異事須問，乃問由與求乎。所謂大臣者以道事君，不可則止（正）。今由與求也，可謂具臣矣耳。具臣，備官也。謂備臣數而已，非大臣也。

曰：然則從之者與（歟）？然則是一味從人者乎？

子曰：弑父與君，亦則不從也。弑逆大故則不從也。蓋陰折季氏不臣之心也。

11.27 ☆ 子路使子羔爲費宰。

子曰：賊害夫彼人之子（學）。謂子羔學尚未成，不可使仕，仕則害其學矣。

子路曰：有質民人焉，有質社

稷焉，何必讀書，然後爲學？言爲宰有人民、君子，有社稷（土地五穀之神）可以質詢，是亦學也，何必只以讀書爲學。

子曰：是故（固）乃惡（亞）次夫佞才者。是，指子羔。言子羔乃次於才者。才情不够，故尚須讀書耳。子曰："柴也愚。"

11.28 ☆ 子路、曾晳、冉有、公西華侍，坐。曾晳，曾參之父，名點。四人侍孔子，皆坐於席上。

子曰：以吾一日長乎爾，毋（無）不吾以用也。以吾老矣，年比爾等長，無人用我矣。居則曰："不吾知也。"居，平時也。平時，爾等曰："人不吾知耳。"一似爾等有大本領然者。如或有知爾，則何以能哉？若確有知爾等之人，欲用爾等，則爾等能爲何事耶？欲四人各言其志。

子路率爾而對曰：率爾，輕遽貌。千乘之國，攝夾乎大國之間，加之以師旅，_{大國以兵陵加之。}因(困)之以饑饉，_{大國不輸以粟以困苦之。}由也爲之，比及三年，可使有勇，且知方也。_{方謂禮樂也。}夫子哂之。_{哂之，微笑之也。}

求，爾何如？

對曰：方六七十，如_或五六十，_{小國也。}求也爲之，比及三年，可使足民。如其禮樂，以俟君子。_{謂己只能在小國足民衣食而已。禮樂則須君子爲之。此謙辭也。}

赤，爾何如？

對曰：非曰能之，願學焉。宗廟之事，_{祭祀也。}如與會同，_{諸侯相見也。}端_{禮服}章甫_{禮冠也}，願爲小相焉。_{相，助君行禮者。爲小相，亦謙辭。言己願着禮服，戴禮冠，在祭祀盟會之時，相君}

行禮。

點，爾何如？

鼓覆，猶伏也瑟，希望，鏗爾，鏗爾，突爾也。舍釋瑟而作起。曾皙在孔子與公西華問答時，將前身伏在瑟上而望，待公西華回答後，孔子之將問及己也。及孔子問之，乃突然離瑟而起。起，回復其原始時之坐法，由坐而跪也。

對曰：異乎三子者之撰（詮）善。

子曰：何傷乎，亦各言其志也耳。

曰：莫（暮）春者，春服既成，得冠者成人也五六人，童子六七人，浴乎沂，風乎舞雩，風，乘涼也。猶今俗言之兜風也。舞雩，祭天禱雨之處，有壇墠樹木可以游息。詠歌而歸（饋）。饋，飲食也。歌詠而飲食也。

夫子喟然嘆曰：吾與點也。吾與點也，猶言我同意曾晳，贊成曾晳也。此似孔子與曾晳同志，但孔子之言乃是發嘆，不得已而爲之。蓋孔子有意於用世，而道終不行，無可如何，乃與曾晳表同情耳。故此言也，可謂名與而實不與也。

三子者出，曾晳後（候）侍。

曾晳曰：夫三子者之言何如？

子曰：亦各言其志也已矣。

曰：夫子何哂由也（耶）？

曰：爲國以禮，其言不讓，其言不謙讓。**是故哂之。**

唯（謂）求則非邦也（歟）？此曾晳之言也。曾晳以冉有只謂方六七十，如五六十，疑其才非能爲邦。

安見方六七十，如或**五六十，而非邦也者**哉？此孔子答辭也。求亦是爲邦之才也。

唯（謂）赤則非邦也與（歟）？

此亦曾皙之言也。以公西華只稱爲小相，因疑其才不能爲邦。

宗廟 之事，如 與會同，非諸侯而何？赤也爲之其小 相，孰能可爲之其大 相？此亦孔子答辭也。

赤之所爲亦是諸侯之事，即是邦之事也。若謂赤只能爲小相，則更無可爲大相者矣。

卷十二　顏淵篇

12.1　顏淵問仁。問爲仁人之道。

子曰：克（尅）_約己復_歸禮，爲_則仁。制約己身而歸於禮，則爲仁人矣。一日_旦克（尅）_約己復_歸禮，天下歸仁焉。人能一旦克己歸禮，則天下之人皆受其影響而歸向於仁矣。爲仁由_助己，而由_助人乎哉！爲仁輔助自己，亦輔助他人者耳。

顏淵曰：請問其目。克己復禮是大綱，故更問克己復禮之條目也。

子曰：非禮勿視，非禮勿聽，非禮勿言，非禮勿動。視、聽、言、動皆須依禮。

顏淵曰：回雖不敏，請事_行斯語矣。

12.2 ☆ 仲弓問仁。問爲仁人之道。

子曰：出門如見大賓，國賓也。使民如承視大祭。國祭也。皆言敬也。己所不欲，勿施於人。行恕道也。在邦爲大夫無怨，在家爲家臣無怨。皆言安於所遇也。

仲弓曰：雍雖不敏，請事行斯語矣。

12.3 ☆ 司馬牛問仁。問仁人之表示如何。司馬牛，孔子弟子，名犁，宋人，桓魋之弟。

子曰：仁者其言也訒。仁人者不輕易出言，出言則經辨認。

曰：其言也訒，斯（始）可謂之仁已乎？司馬牛以爲出言有辨認始可謂仁，覺此甚難也。

子曰：爲行之難。言之，得無

訒乎？行動爲極難，故出言亦不得不難也。此孔子更爲牛申說言確是難之故。

12.4 ☆ 司馬牛問君子。問君子之表示如何。

子曰：君子不無憂不無懼。

曰：不無憂不無懼，斯（始）可謂之君子已乎？牛以爲君子須如此，是甚難也。

子曰：內省不疚病，夫則何憂何懼。汝若問心無愧，尚有何憂何懼？此答是言爲君子不難也。

12.5 ☆ 司馬牛憂病曰：人皆有兄弟我獨亡。牛兄桓魋謀叛出奔，牛亦出奔。先適齊，繼適吳，終適魯。病卒於魯郭門之外。此是其病中之言。嘆無兄弟在其病榻旁也。

子夏曰：商聞之矣，死生有命，富貴在天。此慰其病也。言死生富貴定於命與天，非我所能爲，我但當順受之而已，不必憂慮。君子敬而無失（佚）忽，與人恭而有禮，四海之內皆兄弟也。君子何患乎無兄弟也(耶)？_{君子指牛。言牛處己如能敬而無忽，待人能恭而有禮，則四海之內，皆彼兄弟也。牛之兄弟正多，復何必以無兄弟爲憂乎。此解牛之無兄弟之言也。}

12.6 ☆ 子張問明（昭）_{明。辨察是非之謂昭。子張問昭之極致如何。}

子曰：浸潤之譖，膚受之愬，不行_移焉_之，可謂明_大也已矣。_{譖、愬，毀人之言也。浸潤之譖，譖之由積漸而成者。膚受之愬，肌膚所受利害切身之愬也。此種譖愬易中人心，若能不爲移動，則其人之昭可謂大矣。}

浸潤之譖，膚受之愬，不行_移焉_之，可謂遠_廣也已矣。_{其人之昭可謂廣矣。}

12.7 ☆ 子貢問政。_{問爲政之要件。}

子曰：足食_糧，足兵_{軍器}，民信

之矣也。民信之，得民之信任也。

子貢曰：必不得已而去，於斯三者何先？

曰：去兵。

子貢曰：必不得已而去，於斯二者何先？

曰：去食。自古皆有死，民無不信不立行。人終難逃一死，故去食而死亦不妨。以我雖死，還有別人在也。若民不信，則國家之事，無論大小，皆不能行矣。故二者之中，信較食尤爲重要也。

12.8 ☆ 棘子成曰：棘子成，衛大夫。君子質而已矣，何以用文爲乎？言君子有質即可，不必有文。文指禮樂。

子貢曰：惜乎，夫子之說君子也！惜其言之失。駟（四）不（鄙）及（反）舌，四鄙，國之四鄙，鄉僻之處。

反舌，蠻夷之國。**文猶質也，質猶文也，虎豹之鞟**皮**猶犬羊之鞟**皮**也**。四鄙與蠻夷，文與質無別。而且在文中，此文與彼文亦無分別，虎豹之皮與犬羊之皮等，視之不分高下。虎豹之鞟，指君子之文；犬羊之鞟，指小人之文。此言君子之文之不可無，猶小人之文之不可無也。此直對棘子成之言而言。此言子成之言之結果，直將中國同於鄉僻與蠻夷，不復成其爲中國矣。

12.9 ☆ **哀公問於有若曰：年饑，**饑，五穀不熟也。**用**食**不足，如**奈**之何？** 哀公患己食之不足也。

有若對曰：盍徹乎？ 古時，國內郊外賦穀不同，通計國內郊外穀之總量而取其十分之一，謂之徹。有子請行徹法。

曰：二，吾猶不足，如之何其徹也（耶）？ 二，猶倍也。哀公謂吾現定之賦額視此加倍而猶不足，何可更行徹法，減去其一半乎？

對曰：百姓足，君，孰與許**不**

足？百姓不足，君，孰與許足？有若意謂民如足，以君之地位，孰許君不足乎？言民不讓君不足，而必思所以足之矣。民不足，以君之地位，孰許君足哉？言民亦不讓君獨足，而思奪之也，君自己設法亦徒然也。

12.10 ☆ **子張問崇德，辨（偏）惑**。問何者是崇德偏惑，請孔子說明。"崇德偏惑"云云，蓋舞雩之處之石刻。其文當甚多，子張游時見之，因問其中二事。下文樊遲則問三事。

子曰：主忠信，徙（從）義是崇德也。忠信則主之，義則從之，是崇高之德。**愛之欲其生，惡之欲其死。既欲其生，又欲其死，是辨（偏）惑也**。愛惡當有常。若忽愛之欲其生，忽惡之欲其死，反復無常，是偏惑也。**"誠不以富，亦祗以異。"**此《詩經‧小雅‧我行其野》之文。"我行其野"爲一棄婦之所作，謂其夫之棄己而另娶，並非因爲新婦之美麗，而實因爲此事新異以爲之耳。此二語乃最初讀者所加之批註，以爲愛惡無常之例證者也。後來誤被並入正文。

12.11 齊景公問政於孔子。齊景公名杵臼。問如何爲政。

孔子對曰：君君、臣臣、父父、子子。君臣父子宜各盡其道。君是君，臣是臣，父是父，子是子，則政成矣。

公曰：善哉！信誠如君不君，臣不臣，父不父，子不子，雖有粟，吾豈得而食諸之乎？言國必亡也。

12.12 ☆ 子曰：片言可以折（制）止獄者，其由也與（歟）！片言，猶云三言兩語耳。能以三言兩語爲人排難解紛，止其獄訟者惟子路一人耳。

子路無不宿留諾。此句乃《論語》記者之原註文，所以說明上句者。留諾，保留其諾言而不與以執行也。子路爲人排難解紛，勢必負有義務而有所承諾，但因其既諾必行，人皆信之，所以能做到別人所不能做到之事也。

12.13 子曰：聽訟吾猶由人也，必也使無訟乎。聽訟，聽兩造所訟之辭，以判曲直也。孔子意謂人既有訟，則吾聽之，此乃是我從人而爲，處於被動之地位者也。吾心當勸導人，使其不爭訟，撤銷訟辭，進而取主動地位也。

12.14 ☆ 子張問政。問爲政之道。

子曰：居（學）之無倦，行之以忠。政事須經常學之，不可厭倦。行事須出以忠誠，不可敷衍了之。

12.15 子曰：博學於文，約之以禮，亦可以弗畔亂矣夫。

12.16 子曰：君子成人之美，不成人之惡。君子成就人之善事，不成就人之惡事。成就，助成其事也。小人反是。小人則成就人之惡事，而不成就人之善事。君子存心厚而小人存心薄也。

12.17 ☆ 季康子問政於孔子。問爲政之道。

孔子對曰：政者正〔正道〕也。子帥以〔而〕正。孰敢不正。季康子，魯之上卿，爲魯之主帥。孔子謂子主帥，若能歸於正道，則餘人皆歸於正道矣。所謂"君子之德，風。小人之德，草。草上之風，必偃"也。

12.18　季康子患盜，問於孔子。

孔子對曰：苟子（慈）愛之，不欲〔貪〕，雖賞之，弗竊。若子能愛民，弗貪欲而厚斂，則民雖賞之亦不爲竊盜矣。

12.19 ☆ 季康子問政於孔子曰：如殺無道，以就〔定〕有道，何如？殺無道者以安定有道者，此法可行否？

孔子對曰：子爲政，焉用殺？子欲善，而〔則〕民善矣。君子之德，風 也。小人之德，草 也。草，上加之以風，必偃〔仆〕。君子，在位者。此章亦欲康子先自正也。

12.20 ☆ 子張問士何如斯可謂之達矣。

子曰：何哉，爾所謂達者？汝心目中之達係如何者耶？

子張曰：在邦必聞，在家必聞。聞，名聲也。在邦，在家，皆有名聲，乃爲達也。

子曰：是聞也，非達也。聞與達大有分別焉。夫達也者，質重直而好義，察言而觀色，慮廣以下人。在邦必達，在家必達。達者，重直好義，能察人言語，能辨人顏色，到處以禮接待人。此人也，在邦，在家，必能通達。

夫聞也者，色（嗇）收取仁（人）而行違邪，居治之不疑懼。在邦必聞，在家必聞。聞者，收聚人徒而行奸邪不正之事，官府治之亦不畏懼。此人也，在邦，在家，必有名聲。

12.21 ☆ 樊遲從游於舞雩之下，曰：

敢問崇德、修慝<small>惡</small>、辨（偏）惑。<small>樊遲游舞雩，見石刻，因問三事，多一修慝。修慝，長久長遠之惡也。</small>

子曰：善哉問！

先事後得，非崇德與（歟）？<small>先事後得，猶先勞而後獲也。先勞而後獲，是崇高之德也。</small>

攻<small>伏也，藏也</small>其（己）惡，無攻<small>伏，藏</small>人之惡，非修慝<small>惡</small>與（歟）？<small>藏己之惡，而不藏人之惡，使己之惡無受指正之機會，此惡乃久遠之惡也。</small>

一朝之忿，忘（亡）其身，以及其親，非 辨（偏）惑與（歟）？<small>不忍一時之氣憤而害己，并累親者，此是偏惑也。</small>

12.22 ☆ 樊遲問仁。<small>問仁人行爲如何。</small>

子曰：愛人。

問知（智）。<small>問智者。</small>

子曰：知人。

樊遲未達。未明知人之旨。

子曰：舉直錯（措）諸之於枉，能使枉者直。舉直者，置於枉者之上而治之，則枉者亦直也。

樊遲退，見子夏曰：鄉（嚮）也，吾見於夫子而問知（智）。子曰："舉直錯（措）諸之於枉，能使枉者直。"何謂也？樊遲猶未明孔子之言。

子夏曰：富備哉言乎！舜有天下，選於衆，舉皋陶，不仁者遠矣。湯有天下，選於衆，舉伊尹，不仁者遠矣。子夏嘆孔子之言爲備哉，以其内容包含極廣也。將知人之方與知人之效盡行道出也。子夏以樊遲之不能明孔子之言，乃其不能將原則具體化，故引事實以明之。不仁者遠，言不仁者皆遠去也。

12.23 ☆ 子貢問友。問朋友間規勸之道。

子曰：忠（中）告，而則善道(導)之；不可，則止。無自用辱逆焉。中告者，其人能受人言，可以勸告之者也。善導，多方勸導之也。不可者，不中告之人，不能聽人之勸告者也。不中告之人，則不必多方勸導之，不必逆之與彼作對爲難也。蓋朋友以義合，非若父母兄弟之出於天倫也。

12.24 曾子曰：君子以文會友，以友輔仁（人）。君子，指孔子。此言孔子一生之行事也。孔子以典籍會聚朋友，講習其道。再使朋友出而輔佐人主以行之。人，指君相有位者。

卷十三　子路篇

13.1　子路問政。問爲政之道。

子曰：先之其勞勤事之。凡有政令，須先民行之。

請益。子路嫌少，故請增益。

曰：無倦。行此事不可懈倦。

13.2 ☆ 仲弓爲季氏宰，問政。問爲政之道。

子曰：先有司，有司，衆吏也。身先衆吏行事。赦小過，赦小過，吏民有小過失，則赦之不治罪。舉賢才。舉鄉邑之人才而用之。

曰：焉知賢才而舉之。仲弓慮無以盡知人才而舉之。

曰：舉爾所知。爾所不知，人其舍（予）諸之。言爾所不知者，人將推舉之也。

13.3 ☆ 子路曰：衛君待_{止留}子而爲_擧政，子將奚先？問將先以何事教之。衛君出公輒也。

子曰：必也正_定名乎！名，名字也。正名，定百物之名。當時，衛君濫用名字，而不顧名實之是否相符，故孔子欲以此事先教之。

子路曰：有_爲是哉？子之迂也！奚其_必正？子路以爲孔子教國君，當談國計民生，今乃爲此不急之務，是迂闊也。名又何必定乎？

子曰：野哉由也！野，鄙俗也。君子於其所不知蓋_則闕如也。闕如，默而不言也。此責子路之不知妄對。名不正，則言不順。言不_無順_理，則事不成。事不成，則禮樂不興。禮樂不興，則刑罰不中_正。刑罰不中_正，則民無所措手足。言天地雖大，無處可安身矣。此推言不正名之害之所至也。

但事不成以下乃註者註辭。

故夫君子，名之則必可言也者，言之則必可行也者，君子於其言（物）無所苟而已矣。此更言名之可以正，言正名之主要方法也。君子之名必可言，言必可行者，何也？君子之於物，於名所代表之實體，不肯苟且之故也。不肯苟且，言必欲深刻研究之也。

13.4 ☆ 樊遲請學稼。五穀爲稼。遲時蓋爲某邑宰，患民少，欲以食招徠他國之人，故問爲稼之道。

子曰：吾不如老農。拒不告之。

請學爲圃。種菜蔬爲圃。

曰：吾不如老圃。又拒不告之。

樊遲出。

子曰：小人哉。樊須也！小人，細民也。稼圃，細民之事，而遲以邑宰之身而欲爲之，故孔子謂其是細民。此以其行徑言也。上好禮，則民莫敢不敬。上好義，則民莫敢不服。上好信，則民莫敢不用聽。在上者好守信，則民自聽之。情（誠）夫如是，則四方之民襁負其子而至矣。襁，負兒衣也。以襁負其子而至也。焉用稼圃？此言在上者徠民之道。在上者欲徠民，在於修德，而不在乎親學稼圃也。

13.5 ☆ 子曰：誦詩三百，授之以政，不達行；使於四方，不能任。專（傳）對雖多，亦奚以用爲乎？傳對，猶著述也，傳註答問之類也，皆所以說詩者。此言讀詩多篇不能致用，則雖有甚多之著述亦無用也。學詩可以學政者，以詩所說乃各地民情，天下習俗，讀之可以知所興革也。學詩可以出使者，以與鄰國往來須有應對之辭，而詩之篇章可供引用以見己意也。

13.6 子曰：其身正，不令而行。其身不正，雖令不從。令，發教令也。言人主正身爲要。身正則民從，可以不用教令。否則即有教令，民亦不從也。

13.7 子曰：魯衛之政，兄弟也。_{魯衛之政事在伯仲之間，言兩國之衰亂相似也。}

13.8 ☆ 子謂_論衛公子荊善居_治室。_{善居室，善治家也。公子荊，衛大夫。}始有曰："苟（够）合_足矣。"_{始有，初有室之時。謂够足矣。}少有曰："苟（夠）完_備矣。"_{少有，增加一些之後，謂夠備矣，不必再加築矣。}富_備有曰："苟（夠）美矣。"_{富有之後，謂夠美矣。公子荊之能知足，故孔子稱之也。}

13.9 子適衛，冉有僕。

子曰：庶_衆矣哉！_{嘆衛人口之衆多。}

冉有曰：既庶矣，又（有）何加焉？

曰：富之。_{勉以生產，使之富有。}

曰：既富矣，又（有）何加焉？

曰：教之。_{設立學校，教以義方。}

13.10 子曰，苟若有用我者。朞月而已，可也。三年有成。朞月，一周年也，一年，治已可觀。三年，則大成也。

13.11 子曰："善人爲治邦百年，亦則可以勝殘去殺矣。"誠哉是言也。勝殘去殺，謂將殘害殺戮之事剋而去之也。此古言也。孔子謂此言確實。

13.12 ☆ 子曰：如有（欲）王者，必世（也）而能後下仁（人）。王，統一天下而爲王也。下人，謂屈身於人，尊禮之也。此言欲王天下者，必須能禮賢下士也。

13.13 子曰：苟誠正其身矣，於從政乎何有？不能正其身，如奈正人何？政者，正也。己身正，則從政不難；己身不正，不能正人也。

13.14 冉子退朝。冉子仕於季氏，自季氏之朝而退。

子曰：何晏晚也（耶）？

對曰：有政。

子曰：其事也耳。如有政，雖不吾以用，吾其必與聞之。政與事大小有別。政大事，事乃小事。冉有用名不當，故孔子正之。孔子返魯之後，雖不出仕，但如國有大事，魯之君相必往問之，如問田賦之類。故謂"吾其與聞之"也。

13.15 ☆ 定公問：一言而可以興邦，有諸之乎？定公問世上有一言實行之即可以興邦者否。

孔子對曰：言不可以若是。其幾近也耳。一言不能至於如此，但有可以近於如此者耳。人之言曰："爲君難，爲臣不易。"如知爲君之難也，不幾近乎一言而興邦乎。知爲君難，則必時時戒慎，事無過失而國興矣。此即近乎可以興邦之言也。

曰：一言而可以喪邦，有諸

之乎？

孔子對曰：言不可以若是。其幾近也耳。人之言曰："予無樂乎爲君，唯其言而之莫予違也耳。"予不樂爲君，所樂者，唯我言之必見從耳。如其善而莫之違也，不亦善乎！如不善而莫之違也，不幾近乎一言而喪邦乎？若其言善，則見從自是好事。若其言不善，則見從之結果，必至亡國矣。此即近於可以喪邦之一言也。

13.16 葉公問政。問政之目的也。

子曰：近者，說（悅）；遠者，來。近者，指國人。國內使其悅樂。遠者，指國外。國外使其來附。

13.17 ☆ 子夏爲莒父宰，問政。莒父，魯邑。

子曰：無欲速，無見（得）貪小利。欲速，則不達。見

（得）_貪小利，則大事不成。_{欲速，則舉事必急遽失序，不能行通。貪小利，則心求省費，於是應興革者，亦不興革，是大事不成也。}

13.18 葉公語孔子曰：吾黨有直躬者，_{躬，人名。直，指訴訟。其人名躬，人因其專事訴訟，故稱爲直躬，猶言官司躬云爾。}其父攘羊，而子（之）_往證_告之。孔子曰：吾黨之直_{訴訟}者異於是。父爲（違）_失，子隱（檃）；子爲（違）_失，父隱（檃）。直在其中矣。_{父有違失，則子檃括之；子有違失，則父檃括之。檃括之，矯正之也。如此，父子之違失，在家庭中即得矯正，一似到官廳理過曲直也。故曰直在其中矣。}

13.19 ☆ 樊遲問仁_{仁人。問爲仁人之道。}子曰：居處_常恭，_{常，無事之時也。}執事敬，與人忠，雖之_往夷狄不可棄也。

13.20 ☆ 子貢問曰：何如斯可謂之士矣？此問士有何行可稱爲士。士，學人之學仕者也。

子曰：行己有<small>以</small>恥，行己，猶言持躬也。使於四方，不辱君命，可謂士矣。以羞惡之心持躬；出使外國，不愧使命者，乃可謂士。

曰：敢問其次。

曰：宗族稱孝焉，鄉黨稱弟（悌）焉。若其人尚能爲親屬，爲同鄉作事，得孝悌之名，則可稱爲次一等之士也。

曰：敢問其次。

曰：言必信（伸），行必果<small>成</small>，硜硜然小人哉，抑亦可以爲次矣。有言必求其伸（做到），有行必求其成功，而不顧言行之義不義，堅決自守如小民然者，此等人可以勉强稱爲再次一等之士也。

曰：今之從政者何如？

子曰：噫！斗筲之人，何足算也。斗以挹酒漿，飲器也。筲，飯器也。斗筲之人，猶言酒瓮飯囊，酒壺飯桶，指吃喝之人。即孟子所謂之飲食之人也。此等人根本非士，無等可入，不足算也。噫，不平之聲。

13.21 ☆ 子曰：不得中行而與之，必也狂狷乎。中行，中道之士，乃無過不及者，狂狷則有所偏。狂者進取，狷者有所不爲也。進取，勇於爲善也。有所不爲，有守而不爲惡也。此二語乃《論語》記者解釋孔子狂狷之言者也。

13.22 子曰：南人有言曰："人而無恆，不可以作巫醫。"巫醫，巫祝之爲人治病者。古時賤役也。善夫！"不恆其德，或承之羞。"此二句乃《易經·恒卦》九三文辭。言人之德若無恒，則將有羞辱繼隨之也，孔子引此以證南人之言之有理也。

13.23 子曰：不占而已矣。占，卜而問疑也。此孔子戒人之辭也。孔子重人事，不迷信，故教人不卜。

13.24 子曰：君子和而不同，小人同而不和。和，攪和也。同，猶苟也。此言君子小人對別人意見之不同態度也。君子能以自己之意見與別人之意見攪和，於可之中舉其不可者，於不同之中舉其可者，而不肯苟同。苟同者，對他人之意見一味附和，而不敢小參末議也。小人之態度則不然。小人於他人之意見，明知其不是，亦一味苟同，而不敢少吐其胸臆以為獻替。所以然者何？君子公正，只顧是非，而不顧利害。而小人則只顧個人之利害，不惜犧牲是非也。

13.25 子貢問曰：鄉人皆好之，何如？可謂其確是善人否。

子曰：未可也。恐其一味討好鄉人，而無識見骨氣也。

鄉人皆惡之，何如？

子曰：未可也。恐其確有識見骨氣而不爲鄉人所知也。不如鄉人之善者好之，其不善者惡之。善人必好善人，惡人必惡善人，合此正反兩面以觀，則其人之爲善方可確定耳。

13.26 子曰：君子易事而難說也。事，爲之服役也。說，進言也。說之不以道，不說（悅）也。進說必須合道，故說之難。及其使人也，器之。器，量才而任用之，不苟求也。人必能得用，故事之易。小人難事而易說也，說之雖不以道，說（悅）也。無理無義之言亦見聽，故說之易。及其使人也，求備焉。不量才取用，而苟求焉。既欲其能此事，又欲其能彼事，故事之難。

13.27 子曰：君子泰而不驕，小人驕而不泰。泰，舒泰也。驕，矜也。此言君子小人之不同態度也。君子態度舒泰，而無驕人之意。小人驕人，而無舒泰之意。舒泰不舒泰，取決於內心之自足不自足。君子坦蕩蕩，故舒泰。小人長戚戚，故不舒泰也。

13.28 子曰：剛_{剛強}、毅_{果敢}、木_{質樸}、訥_{遲鈍}近仁（人）。有此四德，其人近於全德之人矣。剛強者，柔弱之反。果敢者，優柔之反。質樸者，浮華之反。遲鈍者，巧之反。

13.29 ☆子路問曰：何如斯可謂之士矣？

子曰：切切、偲偲、怡怡如也，可謂士矣。——朋友切切、偲偲，兄弟怡怡。切切、偲偲，相切責之貌。此對朋友之態度。朋友以義也。怡怡，和順之貌。此對兄弟之態度。兄弟以恩也。"朋友切切、偲偲，兄弟怡怡"十字乃是《論語》記者之原註，解釋上文者也。

13.30 子曰：善人教民七年，亦_則可以即_就戎_兵矣。可就兵，言可以攻戰也。善人教民七年，民化於其仁，故可以出而攻戰，實行其弔民伐罪之偉業矣。

13.31 ☆ 子曰：以不教民戰，是謂棄之。人君應教民以戰鬥之術，使民知自衛。否則民遇寇盜到來，敵人侵襲，即無法自衛而遭死亡矣。人君若如此，是無異於棄去其民也。

卷十四　憲問篇

14.1 ☆ 憲問恥。憲，原思名也。問何事爲可恥。

子曰：邦有道，穀祿。邦無道，穀祿，恥也。穀，食祿也。邦有道之時，當出仕食祿。若邦無道而亦出仕食祿，則是恥辱也。所謂邦無道，富且貴矣，恥也。

克好勝人也、伐自夸其功也、怨憤恨也、欲貪欲也不行焉，可以爲（謂）仁（人）矣乎？此原思問也。

子曰：可以爲（謂）難矣。仁（人），則吾不知也。其人能免於四者，可謂爲難矣，但未可謂是全德之人也。以無此四者，不過是能消極地約制自己，而不是能積極地擴充自己，做己立立人，己達達人之工夫也。

14.2 ☆ 子曰：士而懷居安，不足以爲

（謂）士矣。懷安，謂思念安樂也。士當行道，不避艱苦。若懷念安樂，則是其意趣卑陋之至，不能稱爲士矣。

14.3 子曰：邦有道，危正言，危正行。邦無道，危正行，言孫（遜）。邦有道之時，言宜正，行亦宜正。邦無道之時，行還宜正，而言應遜。所以不說危行遜言，而倒說言孫者，表示在亂世，慎言爲尤要也。

14.4 子曰：有德者必有言，有言者不必有德。有言者，有善言可傳者也。有德者本其自得，道其甘苦，故必有善言。但有善言者不必即有德，以抄以爲智者，並無自得之可言也。

仁者必有勇，勇者不必有仁。仁者，本其慈仁，見義必爲，故有勇。但有勇者不必即有仁。以任血氣者之行爲乃發於衝動，而非由於仁也。

14.5 ☆ 南宮适問於孔子曰：南宮适，魯大夫。羿善射，羿，有窮國之君，善射，篡夏后相之位。奡盪舟，奡即澆，寒浞之子也。伐斟鄩，大戰于澨，覆其舟滅之。盪舟即此大戰于澨之事。左右衝殺爲盪。**俱不得其死然**焉。羿後爲其臣寒浞所殺。奡後爲夏后少康所殺。**禹稷躬稼，而乃有天下夫**矣！禹平水土，稷播百穀，所爲者皆是稼穡之事耳，而禹受舜禪有天下，稷之後至周武王亦有天下。适之意以爲武力無補於事，而力行乃可得善報也。

子不答。以适言已盡，無以復加也。

南宮适出。子曰：君子哉若擇**人！尚**上**德哉若**擇**人！**極贊其選擇人有君子者之風，有上德者之風也。以其不貴羿奡之力，而貴禹稷之德也。

14.6 ☆ **子曰：君子而不仁（備）者有矣夫，未有小人而仁（備）者也**。君子、小人，地位高下之稱。備，豐足也。指家境富裕，食用齊備也。謂君子之中或有不豐足之人，而小人之中，則絕無豐足之人也。此假君子以甚言小人之困苦也。

14.7 **子曰：愛之能**而**勿勞**憂**乎？忠**厚

焉之**能**而**勿誨乎？**言愛其人必能爲其人憂慮，爲其人策久遠也。厚其人，必能教誨之，恐其人之陷於不義也。

14.8 子曰：**爲命，**爲盟會之辭也。此章記鄭事。**裨諶草創之，**起草文稿也。**世叔討論之，**整理之也。**行人子羽修飾之，**修飾之，增損之也。行人，掌使之臣。**東里子產潤色之。**潤色，加以文采也。東里，子產所居之處也。鄭國爲辭命必更此四賢之手，故鮮有敗事。

14.9 **或問子產。**

子曰：惠人也。子產乃有恩惠之人。子產養民也。

問子西。楚之令尹。

曰：彼哉，彼哉！無足稱，不欲道之也。

問管仲。

曰：人也。其人有仁愛之德，又有大功業，乃一個人也，一個丈夫，一個好漢也。

14.10 ☆ **奪伯氏駢邑三百，飯蔬食。沒齒年，無怨言。**奪，蓋莒邑。伯氏，莒大夫。駢邑，地名，奪伯氏采邑也。三百，三百家也。伯氏食采甚多，而飯蔬食直至於死無怨言。怨言，怨蔬食之難吃無味也。

子曰：貧而無怨難，富而無驕易。

此孔子評論伯氏之言也。驕，縱恣也，一生飯蔬食只是儉於自奉。富而無驕，並不是難事也。孔子評論雖有兩句，但重點在末句。

14.11 **子曰：孟公綽**孟公綽，魯大夫。**為趙魏老則優，**老，大夫家臣也。優，有餘也。**不可以為滕薛大夫。**大夫家臣事簡易，小國大夫事繁劇。公綽好清靜，故為趙魏之老則有餘，而為滕薛大夫則不足也。

14.12 ☆ **子路問成人，**成人，全德之人也。問全德之人之主要條件也。

子曰：若臧武仲之知（智），臧武仲，魯大夫臧孫紇。**孟公綽之不欲，**

不營財利。**卞莊子之勇**，卞莊子，魯卞邑大夫。**冉求之藝**才藝，**文**飾**之以禮樂，亦**則**可以為（謂）成人矣。**

曰：孔子更端再言也。**今之成人者，何必然？見利思義**，利，爵賞也。君賜爵賞，義然後受之，**見危授命**，國有危難，當授以命。授命，以命付之也。**久（居）要，不忘平生之言**，要，樞紐也，即津要之意。久（居）要，言主一國之大政也。平生之言，平時所發之議論，亦即少時所學之道也。此言一人若當大政，則不可忘其平時所發之議論，而必須實行之也。**亦可以為（謂）成人矣**。上節成人之要件多而廣，乃為上等人說法。此節則僅舉幾種政治上之原則，卑之無甚高論者，乃為次等人說法也。孔子之言常上下兼顧。

14.13 ☆ **子問公叔文子於公明賈曰**：公叔文子，衛大夫公孫拔也。公明賈亦衛人。**信**

乎夫子不言、不笑、不取乎？當時人謂公叔文子不言、不笑、不取，孔子以爲不可能，故問其確是如此否。

公明賈對曰：以（己）此告者過也。此告者之誤也。夫子時然後言，人不厭足其言。樂然後笑，人不厭足其笑。義然後取，人不厭足其取也耳。夫子合時時亦有言，樂時亦有笑，合義時亦有取，因並不多，故人覺其不足，遂不以其言、笑、取爲言、笑、取，而有不言、不笑、不取之說耳。

子曰：其必然必是如此，豈冀其必然乎！希望其必是如此也。孔子以公明賈之解釋爲近情，故云："必如此。"但又不敢盡信公叔文子之能確如此，故云："冀其必如此耳。"

14.14 子曰：臧武仲以防求爲立後於魯。防，武仲封邑也。雖曰不要君，吾不信也。要，有挾而求之也。魯襄公二十三年，武仲爲孟氏所譖，出奔邾，又自邾如防，使其兄臧爲以大蔡納請曰："紇非能害也，知不足也。非敢私請，苟守先祀，無廢二勳，敢不避邑。"乃立臧爲。紇至防而奔齊，孔子以爲武仲此舉實是要挾魯君，蓋彼意謂若不答應我之要求者，則我將據防而叛，看汝奈我何也。

14.15 ☆ 子曰：晉文公譎_權而不正（法）_經，齊桓公正（法）_經而不譎_權。

晉文公能行權而不能守經。齊桓公能守經而不能行權。晉文公於城濮之役，召周王至河陽，而使諸侯朝之。至周，朝王，經也。而致王使朝，則權而非經也。齊桓公伐楚，問昭王南征不返，責包茅之貢不入。其所問責固合於經，但興師動衆，不舉更爲現實之理由，如漢陽諸侯，楚實盡之之類，而只責問昭王一人之生死與祭祀時縮酒之包茅。捨其大而謀其小，此則經而不權也。

14.16 ☆ 子路曰：桓公殺公子糾，召忽死之，管仲不死，曰_則未仁乎？_{無恩於子糾也。}

子曰：桓公九（鳩）_聚合諸侯，

不以用兵車，管仲之力功也。如乃其仁，如乃其仁。鳩合諸侯，指救衛封邢等。不以兵車，不用戰爭殺戮也。桓公興滅國，繼絕世，免人民於塗炭，其功實盡出於管仲。此則管仲之仁矣。不死子糾，何足道哉。

14.17 ☆ 子貢曰：管仲非仁者與（歟）？桓公殺公子糾，不能死，又相之。

子曰：管仲相桓公，霸諸侯，一匡正天下，民到于今受其賜恩。微無管仲，吾其被髮左衽矣！被髮左衽，夷狄之俗。言若無管仲，則吾等必爲夷狄矣。豈且若匹夫匹婦之爲有諒智也者，自述經於溝瀆，而莫之知也矣。述經於溝瀆而莫之知也，傳述經書於畎畝之中，而無人知之也。蓋以戎狄征服中國，必將滅絕其文化，而人民化之亦成爲對本國文化不感興趣矣。此亦若無管仲之一種惡結果也。

14.18 ☆ 公叔文子之臣，大夫僎，與文子同俱升諸於公（宮）。公叔文子之臣名僎，爲文子之大夫者。宮，太廟也。大夫僎與文子同升於衛之太廟。蓋衛於二人死後，以二人配享於太廟也。

子聞之曰：可以爲文矣。文，典法也。以家臣之賢者配享於太廟，此可以爲典法矣。蓋衛舊俗只以大夫配享，而無以家臣配享者。今以家臣配享，故孔子美之。

14.19 子言衛靈公之無道也。

康子曰：夫如是。奚而爲不喪？喪，失其位也。

孔子曰：仲叔圉治賓客，仲叔圉即孔文子，辦外交。祝鮀治宗廟，主祭祀。王孫賈治軍旅，管國防。夫如是，奚其爲喪？三人者，才皆可用，靈公用之，又各當其才，故無失位之理也。

14.20 ☆ 子曰：其言之若不怍慚，則爲

（偽）之也難。不慚之言乃誠實之言，言之於心無愧者也。此種誠實之言本於性情，合於事實，欲使改變之，更作違心之論極難。若不誠實之言，如巧言者，本是隨便而說，則欲使改變極爲容易也。

14.21 ☆ 陳成子弒簡公。陳成子，齊大夫，名恆。孔子沐浴而朝，告於哀公曰：虔誠而往告，望事之必成也。陳恆弒其君，請討之。

公曰：告夫彼三子。三子：孟孫、叔孫、季孫也。

孔子曰：以吾從大夫之後，不敢不告也。君曰（聿）乃告夫三子者。此孔子對哀公之言也。言對鄰國發生之弒逆之事，我忝在大夫，不敢不以自己之主張爲君告，乃不能自作主而命我往告彼三子耶。此責之之辭。

之於三子，告。孔子以其意告於三子。

不可。三子不主討陳恒。

孔子曰：以吾從大夫之後，不敢不告也耳。此孔子對三子之言也。言我忝爲大夫，故敢以此事告知。其意以爲我亦盡我之責而已。

14.22 ☆ **子路問事君**。問事君之道。

子曰：勿欺也者，**而**能**犯（範）之**。不欺騙其君之人方能規範之，使其不陷於非義。因不欺者能見信於君，見信之後，方能諫而見聽也。此即信而後諫之意。

14.23 ☆ **子曰：君子上**重**達，小人下**輕**達**。達，仕進也。君子博愛，故重仕進。小人自私，故輕之。

14.24 **子曰：古之學者爲己，今之學者爲人**。此言古今學風之異。爲己者之爲學目的乃是將所學實現於己身。爲人者則不然，其爲學目的乃在以所學傳之於人，使人知之而稱揚之耳。

14.25 **蘧伯玉使人於孔子**。蘧伯玉，衛大夫蘧瑗也。

孔子與之坐而問焉，曰：夫子何爲如？問夫子在使者看來是何等樣人。

對曰：夫子欲寡其過而未能也。夫子乃是欲寡其過而未能無過者也。

使者出。子曰：使乎！使乎！善之也。善其能深知伯玉之心也。伯玉自省常若不足，常覺今是而昨非。

14.26 **子曰：不在其位，不謀其政。**

14.27 **曾子曰：君子思不出其位。**此蓋言孔子之態度也。君子指孔子。

14.28 ☆ **子曰：君子恥其言而**之**過其行。**言過其行，言其所不能行之言也。言其所不能行之言，君子恥之。

14.29 **子曰：君子道者三。我無能矣。**君子所稱道者有三，而我皆無能也。**仁者不憂，知（智）者不惑，勇者不懼。**

子貢曰：夫子自道言也耳。言此是孔子之所自言耳。夫子自謙耳。其實夫子能之也。

14.30 ☆子貢方（謗）人。言人之過惡。

子曰：賜也賢乎哉（我）夫，我則不暇。此責子貢也。

14.31 ☆子曰：不患人之不己知。患其（己）不能也。

14.32 子曰：不逆詐，不億不信，抑亦先覺者是賢乎！與人交接之初，不逆料其人之詐，不臆測其人之不信，一旦彼人微露詐與不信之徵象時，却即能覺察之而預爲之防，此人也，亦賢矣乎。

14.33 ☆微生畝謂孔子曰：丘何爲是栖（翕）栖（翕）者與（歟）？翕翕，善辯也。無乃爲學佞巧乎？微生畝不明孔子教誨天下正名之苦心，以爲其學巧。

孔子曰：非敢爲學佞巧也，疾固固陋也耳。我並非學巧，乃惡今人之固陋耳。孔子意謂固陋之人襲故蹈常，言語名實不符亦不肯改正，以致言不順，事不成，故我不得不反覆辯說之也。

14.34 子曰：驥（冀）不稱其力，稱其德也。冀，冀州也，指中國而言。此言中國不以力稱而以德稱。孔子此言，猶後人之稱中國爲禮義之邦，而非尚武之國也。

14.35 ☆ 或曰：以德恩報怨。何如？

子曰：何以報德恩？以德報怨，則更以何物報德乎？言更無報德之具也。

以直（值）措報怨，以德報德。措置之，不報也。措置而不報即俗所謂之君子犯而不校也。但此自就小怨言之耳。

14.36 子曰：莫我知也夫！嘆無人能深知之也。

子貢曰：何爲如其莫知子也（耶）？子貢以爲人無不知孔子者，故怪而問之曰："莫子知者何如耶？"

子曰：不怨天，不尤非人，下

輕**學而上**重**達**仕進。我此三點無人能知。人所知於我者無非是我之博學與我之知禮等等幾種皮毛耳。**知我者，其天乎！**知我此三點者惟有天耳。

14.37 ☆ **公伯寮**愬譖**子路於季孫**。伯寮，魯人。此蓋孔子爲魯司寇，子路爲季氏宰，主張墮都時之事。公伯寮反對墮都，乃譖子路於季氏。

子服景伯以告，曰：子服景伯，魯大夫。**夫子，固**乃**有惑**志（至）**於公伯寮**也。**吾力猶能肆諸**之**於市朝**。景伯謂吾於季孫則有疑，言對付季孫並無把握也。至於公伯寮，則吾力能殺之，而陳其屍於市朝。

子曰：道之將行也與（歟）**，命也。道之將廢也與**（歟）**，命也。公伯寮其如**奈**命何？**道之行廢，有命存焉，非伯寮所能左右。孔子言此者阻景伯之去與伯寮爲難也。

14.38 子曰：賢者辟_{治世}_數，最賢者治算數之學。其次辟_{治地}，其次治興地之學。其次辟_{治色}，其次治兆氣之學，即五形之方色之學。其次辟_{治言}。其次治言論之學。

14.39 子曰：作者七人矣。此章接上章而言。孔子總計上面四種學者，共得作者七人。但此七人爲誰，則不可考矣。

14.40 子路宿於石門。石門，魯城門。此蓋子路自衛返魯時之事。

晨（辰）伺門曰：伺門，石門之守門者也。奚自？問從何處來？

子路曰：自孔氏。猶言從孔公館來也。

曰：是知其不可而爲之者與（歟）？晨門謂孔子是知其所爲乃不可爲而勉強爲之者歟。

14.41 ☆ 子擊磬於衛。擊磬，樂隊中主擊磬者。孔子時在衛作擊磬之官。有荷蕢_{草器}而過孔氏之門者或人負草器而見孔子家之閽人。曰：有心憂哉，擊磬乎！擊磬，以官名稱孔子也。謂子志切救世，其心憂苦哉。既而曰：鄙哉，硜硜乎！硜硜乎，堅決不移之意。言孔子堅守衛國而不去，可鄙哉。莫己知也，斯則已去而已矣。"深則厲，厲，履石渡水也。石蓋橫水上之石板，即橋也。淺則揭。"揭，揭衣涉水也。言人不己知，則應即速離去，過深處即過橋，遇淺處即涉水，當一刻不停，何必多所逗留乎。此譏孔子之戀棧也。"深則厲，淺則揭"，《詩經·衛風·匏有苦葉》篇之文。

子曰：果誠哉！誠如此，我今日可無此責難矣。末無之往，難矣耳。言誠如荷蕢之言，只是無處可去，是爲難耳。

14.42 ☆ 子張曰：《書》云："高宗諒（梁）闇陰（庵），三年不言。"何謂爲也？庵，倚廬也。古者親喪，子不敢居正屋，乃在大門外壁上豎立一室以居住焉。以其建築乃用木料倚於牆上，故謂之倚廬。不言，不出教命也。高宗，商王武丁也。子張不明高宗教命既不出，則誰治國，故問。

子曰：何必高宗，古之人皆然。君薨，百官總領己（紀）錄以聽於冢宰，三年。錄，文卷簿冊之類也。君薨之後，三年之中，百官各領文卷簿冊以聽命於首相。言三年喪期之中，首相實主政耳。

14.43 子曰：上好禮，則民易使也。
上好禮，則民莫敢不敬，故易使耳。

14.44 子路問君子。問爲君子之道。

子曰：修己身以敬。

曰：如斯而已乎？嫌其少，故更問。

曰：修己以安人。人謂國人。

曰：如斯而已乎？

曰：修己以安百姓。百姓，天下之人也。修己以安百姓，堯舜其猶病_愧諸之。政治理想至平天下而極矣，即古帝王堯舜猶愧之也，言不能實現之也。

14.45 原壤夷_{陳俟}市。原壤，魯人，孔子之故人。作賊被執，陳立於市以示衆。

子曰：幼而不孫（遜）弟（悌），長而無述焉，_{長又無善可以稱述}。老而不死，是_只爲賊也（耶）？_{言今老而不死，乃只爲盜賊耶}。以杖叩其脛。_{責之也}。

14.46 ☆ 闕黨童子將_請命（名）。童子，未冠者之稱。童子到二十歲冠時方起名。此童子未到冠時即請孔子爲之起名字。

或問之（子）曰：求益者與（歟）？求益，求進益也。或人以爲童子請名是爲策勵警誡進德之用。故問其是欲求進益而請名者歟。

子曰：吾見其居於位也_矣，見

其與先生並行也矣，**非求益者也。欲速成者也**耳。依舊習，童子隅坐無位，成人乃有位。童子出行，隨在成人之後。今此童子不依此習，故彼乃並非欲求進益者。故彼之請名乃欲急急成爲成人者耳。以童子無名，請名之後乃爲成人也。

卷十五　衛靈公篇

15.1　衛靈公問陳於孔子。陳即陣，師旅行列之法也。

孔子對曰：俎豆之事，俎豆，飲食之器具。俎豆之事，謂燕享等之禮。則嘗聞之矣。軍旅之事，未之學也。孔子以衛靈公不尚文德，而尚武功，故不欲與之言陣，而托言未學拒之。明日遂行。去衛他適也。

15.2 ☆ 在陳絕糧。從者病，莫能興_起。子路慍_怒見，曰：君子亦有窮乎！

子曰：君子固_安窮。小人窮斯_則濫_溢矣。君子安於窮，小人窮則濫溢，言逾越法度而爲非矣。

15.3 子曰：賜也，女(汝)以予爲多學而識(誌)之者與(歟)？問汝以爲我之學乃賴多讀書，而將所學者記住之乎。

對曰：然。我是如此想。——非與(歟)？但其實不是如此乎？

曰：非也。予一以貫之。我所學問乃經統一系統化者。言非不加組織而單單記住之也。

15.4 子曰：由，知德恩者鮮矣。此嘆世多忘恩負義之徒也。

15.5 ☆ 子曰：無爲而治者，其舜也與(歟)！夫彼何爲哉？恭(拱)執己(紀)法，正治南面而已矣。南面，指各國諸侯，舜時人才濟濟，舜又委任得人，故舜可無爲而治天下。舜本身之所爲者惟在執法以繩各國諸侯耳。

15.6 ☆ 子張問行。問可以通行之道。

子曰：言忠信，行篤敬，雖蠻貊之邦行矣。言不忠信，行不篤敬，雖州里行乎？言不能行也。哉（在）立（位）所坐處也，則見其參閒厠於前也；在輿，則見其倚於衡也。衡，車前橫木也。夫然後行可。其指上二語。必須在位，在車之時，念念不忘此二語，然後可耳。

子張書諸之於紳。紳，大帶也。書二語於帶，視在位、在輿又進一步矣。

15.7 子曰：直哉史魚！衛大夫史鰌也。邦有道，如而矢諫。邦無道，如而矢諫。史魚不顧邦君之有道、無道皆諫之，是戇直之人也。君子哉蘧伯玉！邦有道則仕，邦無道則可（荷）卷（幐）囊而懷歸之也。荷囊而歸，猶言背鋪蓋回老家耳。伯玉相時而動，大異於史魚。

15.8 子曰：可與言而不與之言，失人。錯過一個可與言之人。不可與言而與之言，失言。白費一言。

知（智）者不失人，亦不失言。
智者既不錯過一個可與言之人，亦不白費一句不必言之言。

15.9 ☆ 子曰：志（智）士仁人無求生以害仁（人），有殺身以成仁（人）。智士仁人不爲求己之生存而陷害他人，却肯犧牲自己以成就他人。殺身，此處言犧牲。犧牲兩字所指者廣，自疲精勞神以至刀鋸鼎鑊皆包括在內（焦循《雕菰樓文集》一文有此意）。

15.10 ☆ 子貢問爲仁。問爲仁人之道。

子曰：工（士）欲善其事，必先利磨厲其器才能之能。居是（氏）邦也，事其大夫之賢者，友其士之仁者。士人欲事情做得好，必先將其才能磨厲之。而磨厲之道，在與賢士大夫交游。

15.11 ☆ 顏淵問爲邦。問治國之法。

子曰：行夏之時，曆用夏正，以建寅

之月爲歲首。**乘殷之輅**，車用殷人之木輅。**服周之冕**，冕用周人之冕。**樂則**法**韶舞（武）**，樂以韶與武爲法。**放鄭聲**，鄭國之音樂。**遠佞人。**——鄭聲淫淫蕩，蕩人心志。佞人殆危殆。危人邦國。末兩句乃《論語》記者所加，以解釋鄭聲須放，佞人須遠之理者也。

15.12 子曰：人無遠慮，必有近憂。
人若無久遠之計慮，則必有眼前之憂患。此言二者的關係捷如影響，戒人不可不思患預防也。

15.13 子曰：已矣乎，吾未見好德如好色者也。

15.14 ☆子曰：臧文仲其竊備位者與（歟），知柳下惠之賢而不與（舉）立也之。柳下惠，展禽也。臧氏世爲魯之司寇，惠曾爲文仲下屬，三遭罷黜。此言人臣職責應舉賢使能，而文仲竟知賢不舉，是直備位而已耳。

15.15 ☆ 子曰：躬自厚（後），而又薄（不）責於人，則遠怨矣。躬自後，後其身也。言不佔人先也。一人能不佔人先，又能不責人，則人不怨之也。

15.16 子曰：不曰如之何，如之何者，吾末如之何也已矣。曰如之何，如之何，熟思而審處之辭也。不曰如之何，如之何，是不知熟思而審處者也。如此之人，吾末如之何也已矣。言無法以對付之矣。以其無遠慮，勢必將有近憂也。

15.17 子曰：群居終日，言不及義，言不及正當之事。好行小慧，好使小聰明作弄人，如調謔之類。難矣哉。言此人將終無成功也。

15.18 ☆ 子曰：君子義以爲質，禮以行之，孫（遜）以出之，信以成之，君子哉。義，制事之本也，以義爲質，以禮行之，以遜出之，以信成之，能如此者，君子也。

15.19 子曰：君子病無能焉，不病人之不己知也。與《憲問》篇31章同義。

15.20 ☆子曰：君子疾_病没世_身而名不稱焉。君子以身老將死而名不見稱於人爲病也。

15.21 子曰：君子求諸_{之於}己，小人求諸_{之於}人。此章與上章意義相足，故記者類記之。之即指名。言君子求名於己，小人則求名於人。求名於己，己務實而名隨之也。求名於人，則己不務實，而徒向人作宣傳以得之也。

15.22 子曰：君子矜而不爭，群而不黨。君子雖於事矜持，而不至矜持到與人相爭。雖好與人相群處，而不至於偏黨於人。言君子自有其分際不過分也。

15.23 子曰：君子不以言舉人，不以人廢言。有言者不必有德，故不以言舉人。無德者不必無言，故不以人廢言。

15.24 子貢問曰：有一言而可終身行之者乎？

子曰：其恕乎！己所不欲，勿施於人。己所欲者以施與人亦恕也。但此恕須有大願大力者方能爲之，未易爲一般人言也。爲一般人計，還是舉反面之恕爲妥貼而有效。此孔子此處說恕爲"己所不欲，勿施於人"之理由也。

15.25 子曰：吾之於人也，誰毀？誰譽？言己不毀人，亦不譽人也。如有所譽者，其則有所試矣。我如有所譽者，則必試用之，不徒譽之而已也。

15.26 □□：斯民也，三代之所以直憑，得道而行也。斯民即是夏商周三代聖王之所用以得道而行於天下者也。此蓋孔子對當時君相蔑視人民以爲不如前代者而言。謂今日之人民亦就是三代聖王所用以得道之人民也。人民還是人民，要視君相之教育運用之如何耳。

此應另爲一章，章首脫子曰二字，《論語》此間頗多闕脫。

15.27 ☆ 子曰：吾猶及_追史之闕文也。史指魯史《春秋》。此蓋孔子作《春秋》傳時之言。謂《春秋》斷爛多闕文，我尚在追求其闕文也。

15.28 ☆ 子曰：有馬者借人乘之。今亡（無）矣夫！古有此人，而今無之，此嘆世風日衰，無復有重義輕財者也。

15.29 ☆ 子曰：巧言亂德。花言巧語，混淆黑白，顛倒是非，使人失其所守。

小不忍則亂大謀_計。小不忍，小小不忍之心也，對大不忍而言。以小不忍而不爲，則大計亂矣。養癰者爲怕痛之故，不將癰割治，是小不忍也。及後癰潰爛，害及全身，是患矣，是亂大謀矣。

15.30 子曰：衆惡之，必察焉。衆好之，必察焉。衆惡必察者，恐其人實是善人，乃以特立不群之故，不能爲衆所理解，而遭衆惡也。衆好必察者，恐其人實是惡人，乃以同流合污，闒然媚世之故，遂爲衆所共好也。察之，則其人之善惡乃得其真矣。

15.31 ☆ 子曰：人能弘道，非道（直）弘人。弘，擴而大之也。道，指修己治人之道。此謂人不但能擴大人，而且能擴大道。擴大人是擴大具體之個人，而擴大道則是擴大抽象之道理。擴大具體之個人是一時之事，而擴大抽象之道理，則是永久之事也。由弘人而弘道，人之工作提高多多矣。此一工作蓋即是聖之工作，其難也，視仁猶大也。

15.32 子曰：過而不改，是謂過矣。
過而不改，其過常存，是真過矣。

15.33 子曰：吾嘗終日不食，終夜不寢，以而思，無益，不如學也。
此孔子談其爲學之一段過程也。思無益者以專務於思則精神陷於疑殆也。不如學者，學乃讀書，讀書能將精神範圍於實際之中，使疑殆有所決定也。

15.34 ☆ 子曰：君子謀道不謀食。道，道藝也。食，衣食也。君子宜爲道藝謀，而不必爲衣食謀。耕也，餒（餧）飯在其中矣。學也，禄在其中矣。耕、學，道也。餒、禄，食也。從事於耕，則自能得飯矣。從事於學，則自能得禄矣。只問耕耘，收穫自來也。

15.35 ☆ 君子憂道不憂貧。此記孔子之態度也。君子，指孔子。孔子以道藝爲慮，而不以貧窮爲慮。

15.36 ☆ 子曰：知（智）及（得）之，仁不能守之，雖得之，必失之。此言治天下國家之道也。以智取得天下國家，若無仁恩以守之，則必失之。

知（智）及（得）之，仁能守之，不莊以涖之，則民不敬。有充分之仁恩以守之矣，又須以莊嚴臨天下，否則民將不敬之。

知（智）及（得）之，仁能守之，莊以涖之，動之不以禮，未不善也。動，變化也，若不以禮變化天下，則亦未至於善也。

15.37 ☆ 子曰：君子不可小知_接而可大受_親也。小人不可大受_親而可小知_接也。小知，小交接之謂，隨便與之往來也。大受，大親近之謂，盡情信托之也。君子深遠，爲謀必忠，故不可小知而可大受。小人淺薄，專便私圖，故不可大受而可小知。

15.38 ☆ 子曰：民之於（遠）仁也，甚於水火。水火，吾見蹈而死者矣，未見蹈仁而死者也。人尚有蹈水火而死者，而從無蹈仁道而死者，是其遠於仁道更甚於遠於水火也。此極嘆人之不喜仁也。

15.39 ☆ 子曰：當（嘗）_行仁，不讓_辭於以師_旅。此言行仁之事應到處行之，即在師旅之中，亦應行之，不可以師旅之事乃征伐之事，不得不殺戮人爲辭，而不行之。

15.40 子曰：君子貞_正而不諒。諒，一於信也。一於信，謂其言一出，即不肯變動，既不惜傷情，亦不惜害理者也。孟子曰："大人者，言不必信，行不必果，惟義所在。"諒者所爲，適與相反。君子以義決，故正而不諒也。

15.41 ☆ 子曰：事君，敬（苟）急其事而後其食禄。急其事而後其禄，先難而後獲也，先難而後獲，事君之道也。

15.42 ☆ 子曰：有教無類（類）。人有疵纇，須教育以去之，故有教則無纇矣。

著者對本章還另有一解，也録在下面：

子曰：有教無類。只有施教，而無尊卑、貧富、智愚、賢不肖之類別。

此孔子自言其教人之態度也。

15.43 ☆ 子曰：道不同，不毋相爲謀（誨）。道不同者，不必相互規誨，以此於人無補，而於己則有損也。何也？以人未必以我之言肯棄其所學而從我，而我自己精進之工作却被多管閒事所妨礙矣。

15.44 子曰：辭達而已矣。文字取足達意而已，不必冗長藻飾也。

15.45 師冕見。師冕，樂師，名冕，盲者也。

及階。子曰：階也。

及席。子曰：席也。

皆坐，子告之曰：某在斯，某在斯。列舉坐中人之姓名及所在之處以告之。

師冕出。

子張問曰：與師言之道與(歟)？此乃是與師言之道乎？

子曰：然是。固乃相助師之道也。

卷十六　季氏篇

16.1 ☆ 季氏將伐顓臾。顓臾，國名，魯之附庸。季氏貪其地，欲滅而有之。

冉有、季路見於孔子，曰：季氏將有事於顓臾。

孔子曰：求，無乃爾是（寔）實過與（歟）。冉有爲季氏宰，尤用事，故獨責之。夫顓臾，昔者先王以爲東蒙主。東蒙，山名。主，猶領袖也。爲東蒙主，爲東蒙山區諸侯之領袖也。且在邦域之中矣。在魯國之疆域中。是社稷之臣也，何以用伐爲乎？社稷，猶言公家，在邦域之中，又是公家之臣，何必伐之。

冉有曰：夫子欲之，吾二臣

者，皆不欲也。歸咎於季孫也。

孔子曰：求，周任古之良史有言曰："陳計，量力就列位，不能善者止（正）諫。"計量自己之能力而往就位，如有不善，則應諫正。危而不持，顛而不扶，則將焉用彼相輔相矣乎？季氏欲伐顓臾，是危顛之事也，汝不能諫正，則要輔相何用。且爾言謂汝不欲過誤矣，虎兕出捐於柙檻，龜玉毀壞於櫝，中（終）究竟是誰之過與（歟）？虎兕，猛獸，以供觀賞者。龜玉，寶器也。捐於柙，毀於櫝，言虎兕龜玉之充斥也。此謂季氏之富一至於此，乃是冉有爲之聚斂之故，冉有不能辭其罪過。何以尚說吾二臣者皆不欲耶？

冉有曰：今夫顓臾固城郭完固而近於費，費，季氏私邑。今不取，後世必爲子孫憂。

孔子曰：求，君子疾夫舍不曰

欲之，而必更爲之辭。不說老實話，謂季氏欲之，而必更爲其找理由，作飾辭，謂顓臾固而近費。此則君子之所甚惡也。丘也聞有國有家者，不患寡（貧），貧，謂人民貧乏。而患不均，均，謂財富平均。不患貧（寡），寡，謂人民稀少。而患不和，和，謂相處和睦。不患傾，傾，謂國勢阽危。而患不安。安，謂內政安定。——蓋均無貧，和無寡，安無傾。——夫如是，故遠人不服，遠人，國外之人。則修文德以來之。使來附。文德，文辭與教化也。文辭說以利害，教化勸以道義。既來之，則安之。遠人既來，則安定之於國內。今由與求也，相夫子，遠人不服而尚不能來也，邦分崩離析，指國內人心渙散。

而_尚不能守（安）也，而謀動干戈於邦內，_{此責二人所爲正反於爲國之大道。}吾恐季孫之憂，不在顓臾，而在蕭牆之內也。_{蕭牆，人君之門內之屏也。蕭牆之內，指魯哀公。孔子言吾恐季氏之憂並不在於顓臾，而在於哀公也。此時哀公欲去三桓，故孔子云然。其後哀公果欲以越伐魯而去季氏。此駁冉有顓臾爲季氏憂之言。}

16.2 孔子曰：天下有道，則禮樂征伐自天子出。

天下無道，則禮樂征伐自諸侯出。自諸侯出，蓋_則十世希_少不失矣。_{必遭滅亡也。}

自大夫出，五世希_少不失矣。

陪臣執國命，_{陪臣，大夫之家臣也。執國命，專國政也。}三世希_少不失矣。

16.3 天下有道，則政不在大夫。_{制之由}

君也。**天下有道，則庶人不議。**無用非議也。庶人不必非議政事，只管安其居，樂其業可矣。

此應別爲一章，章首脫孔子曰三字。

16.4 ☆**孔子曰：禄之去公室，五世矣。**此孔子道魯之歷史也。禄，制禄用人之權也。禄去公室，謂禄不由公室作主也。五世指文、宣、成、襄、昭五公。**政逮於大夫，四世矣。**政，指內政、外交。逮於大夫，爲大夫所執掌也。四世，就大夫而言。季氏爲武、悼、平、桓四子。孟孫氏、仲孫氏當亦如季氏有四世。**故今夫，三桓之子孫微矣！**三桓之子孫，指三家之子孫。今日則三家之子孫俱衰微矣。孔子此言蓋發於定公之世。季氏家臣陽貨且執季桓子矣。季寤、公鉏極、公山不狃、叔孫輒、叔仲志五人因陽虎戒都車謀去三桓矣。

16.5 **孔子曰：益者三友，損者三友。**三種朋友有益，另三種朋友有損。此友字是名詞。以下友字是動詞。

友直、正直者。友諒、誠信者。友多聞，多見聞者。益矣。與此三種人爲友則有益。

友便辟、習於盤旋進退之容，一於卑遜者。此足恭也。友善柔、善柔，面柔也。此令色也。友便（諞）佞，諞佞，巧辯也。此巧言也。損矣。與此三種人爲友，則有損。

16.6 孔子曰：益者三樂，損者三樂。三種喜樂有益，另三種喜樂有損，此樂字是名詞。以下樂字是動詞。

樂節_準禮樂、以準於禮樂爲樂。樂道人之善、稱人之善。樂多賢友，益矣。樂此三事有益。

樂驕樂、驕樂，驕淫之音樂也。樂佚游、佚游，游玩出入也。樂宴樂，宴樂，宴會飲食也。損矣。樂此三者則有損。

16.7 孔子曰：侍於君子有三愆_過：

言未及之而言，謂之躁急；躁，急不及待也。人尚未與之言，而彼先言，是爲急躁。言及之而不言，謂之隱匿；隱匿，不盡情實也。人與之言，而彼不言，是爲隱匿。未見顏色而言，謂之瞽矇。瞽矇，不明也。目無所見也。不先觀人之顏色而任情放言，是爲瞽矇。

16.8 孔子曰：君子有三戒所戒慎者三事：少之時，血氣未定，戒之則在色；色，女色也。及其壯也，血氣方剛，戒之則在鬥；鬥，鬥爭也。及其老也，血氣既衰，戒之則在得。得，貪得好利也。

16.9 ☆孔子曰：君子有三畏：畏，所嚴憚者。畏天命，順吉逆凶，天之命也。畏大人，聖人之有位者，聖王也。畏聖智人之言。君子戒慎恐懼，故有三畏。

小人不知天命，而不畏也，不知順吉逆凶之理，故不畏。狎輕忽大人，以有位者之所爲爲與彼無與，故輕忽之。侮聖智人之言。以聖人之言爲迂闊，故戲侮之。

16.10 孔子曰：生而知之者，上也。此不必學者。學而知之者，次也。此生而好學者。困而學之又其次也。困，有所不通也。因遇困而好學者。困而不學，民斯爲下矣。此則無論如何終不好學之下愚矣。

16.11 孔子曰：君子有九思：思，思慮之，使合理想也。視思明、去盡障蔽也。聽思聰、去盡壅塞也。色思溫、色見於面者，務使溫和不嚴猛。貌思恭、貌見於全身者，務使恭遜，不驕亢。言思忠、務使忠實不隱欺。事思敬、務使謹敬不怠惰。疑思問、務設問而次之。忿思難患、有忿恨須思其結果是患難而懲之。見得思義。務以義去苟得。

16.12 ☆ 孔子曰："見善如不(抔)及(吸)，吸，飲也。抔，兩手掬也。兩手掬飲必須快，喻就善速也。見不善如探湯。"以手探熱湯必急急縮回，喻去惡疾也。吾聞其語矣，吾見其人矣。

"隱居以能求其志；志，謂載籍也。隱居時能求載籍而讀之。行義以能達其道。"行義，實行所宜也，指出仕。出仕者能行通其所學之先王之道。吾聞其語矣，未見其人也。

16.13 ☆ 孔子曰：齊景公有馬千駟，死之日，民無德(得)而稱焉。伯夷叔齊餓於首陽之下，民到於今稱之。其斯之謂 爲與（歟）。此應另爲一章，章首脫孔子曰三字。其斯之爲歟，言宜學爲夷齊也。斯即指夷齊。

16.14 ☆ 陳亢問於伯魚曰：陳亢即陳子禽。子亦有異聞乎？亢以爲伯魚乃孔子之子，所聞當有異於一般弟子者，故有此問。

對曰：未也。未曾有異聞。嘗獨立。孔子獨立也。鯉趨而過庭，曰："學詩乎？"對曰："未也。"曰："不學詩，無以言。"鯉退而學詩。他日，又獨立。鯉趨而過庭，曰："學禮乎？"對曰："未也。"曰："不學禮，無以立。"鯉退而學禮。聞斯二者矣。

陳亢退而喜曰：問一得三：

聞詩，聞禮，又聞君子之遠（於）其子也。又知孔子對其子之態度也。孔子對其子之態度並不異於其對弟子也。

16.15 ☆邦君之妻，君稱之曰夫人。夫人自稱曰小童。邦人稱之曰君夫人。稱諸_{之於}異邦曰寡小君。異邦人稱之亦曰君夫人。

卷十七 陽貨篇

17.1 ☆ 陽貨欲見孔子。陽貨名虎，季氏家臣，而專魯國之政。欲見孔子，使孔子見之，勸使出仕也。孔子不見。歸（饋）贈孔子豚。欲迫使孔子往謝而見之。古禮，大夫有賜於士，不得受於其家，則往拜其門。貨蓋先瞰孔子之亡而歸之豚也。孔子時（伺）其亡也，亡，出外，不在家也。而往拜之。伺亡而往其家，避與之相遇也。遇諸之於塗。謂孔子曰：來，予與爾言。曰：懷其寶身而迷其邦，懷其寶，猶藏其身也。迷其邦，使國家迷亂也。可謂仁乎？此陽貨責孔子不仁。曰：不可。好從事而亟〔數〕失時，好從政而屢失時會。可謂知（智）乎？此責孔子之不智。曰：不可。日月逝矣，歲不我與〔待〕！日月往矣！歲不我待，言年歲已老，宜速仕也。時在定公之世，孔子已將五十多矣。

孔子曰：諾。吾將仕矣。漫應之也。孔子終不仕。

17.2　孔子曰：性相近也，習相遠也。

性，性情也。習，習慣也。人之性情本相近，無大差異。人之習慣則各不相同，相去甚遠也。

17.3　子曰：唯上知（智）與下愚不移〔變遷〕。變遷指生活改進而言。一般人之生活皆有變遷，惟上智與下愚則不然。上智以生而已得至善之道，不必變遷，下愚則不知有至善之道，即知之，亦以習於爲惡，爲積習所累而不能變遷也。

17.4 ☆　子游之往武城，之武城，往爲宰也。聞（問）弦歌之聲。問弦歌之聲，問聲樂之理也。子游欲在武城行樂教，故問之也。

夫子莞爾而笑曰：莞爾，小笑貌。**割雞焉用牛刀**。言治小邑，何必用大道。

子游對曰：昔者偃也聞諸之於**夫子曰："君子學道則愛人，小人學道則易使也。"**道，禮樂也。此處指樂而言。樂以和人，人和則易使也。子游誤以孔子之笑爲不主張作樂，故引孔子之言以與之辯。

子曰：二三子，偃之言是也，前言戲之耳。方才之言乃與之開玩笑耳。

17.5 ☆ **公山弗擾以費畔（叛）**。公山弗擾，季氏之宰，據費邑叛季氏。

召，子欲往。季氏召也。召孔子使往討公山弗擾。

子路不說（悅），曰：末薄**之（子）也已**。使孔子帶兵往討公山氏是薄孔子也。**何必公山氏之之**往**也（耶）？**

子曰：夫召我者，而豈徒哉？

徒，步兵也，指師旅之事。言彼召我，必非師徒之事，當別有故。**如有**能**用我者，吾其爲**學**東周乎！**彼如能用我，我將學東周之治。東周，周公所建，禮文最備，故孔子欲學之也。

17.6 **子張問仁**仁人**於孔子**。問爲仁人之道。**孔子曰：能行五者於天下爲**是**仁**仁人**矣。**

請問之。

曰：恭、寬、信、敏、惠。恭則不侮，不見侮慢。**寬則得衆，**得民也。**信則人任**信**焉，**民信之，**敏則有功，**應事疾，則多成功。**惠則足以使人**。有恩於人，人樂於被役使也。

17.7 ☆ **佛肸召**。佛肸，晉大夫趙簡子之邑宰。

子欲往。

子路曰：昔者由也聞諸之於**夫子曰："親於其身爲不善者，君**

子不入_納也。"君子不納交於親爲不善之人。

佛肸以中牟畔（叛），子之往也，如之何？欲阻孔子之應召也。

子曰：然，有是言也。我曾有此言。

曰：更端之辭也。不_無曰："堅乎！磨而不磷_薄。"不_無曰："白乎！涅_污而不緇_黑。"吾豈匏瓜也哉，焉能繫而不食_用？匏瓜味苦不可食，無用於人，常懸於牆上。堅白二語蓋俗以稱匏瓜者。言其堅白之質雖磨之亦不薄，雖污之亦不黑。孔子謂不可說此二語將我比匏瓜，以吾非匏瓜，不能繫而不用也。吾總當求用於世耳。子路所聞蓋孔子早年不仕時之言。此則其後來之定論也。

17.8 ☆ 子曰：由也，女（汝）聞六言間，猶差錯也。六蔽（弊）_失矣乎？一有偏差，就生六弊，所謂差以毫厘，謬以千里也。

對曰：未也。

居_坐，吾語女（汝）。子路答時，起身離席，故孔子使之還坐也。

好仁不好學，其蔽（弊）也愚。
不好學即差錯也。學謂多讀書，識前言往行也，好仁慈而無學以裁之，則將失於愚蠢，如婦人之仁是也。

好知（智）不好學，其蔽（弊）也蕩放蕩。好智而無學以裁之，則將失於放蕩。放蕩，泛濫無所歸也。

好信不好學，其蔽（弊）也賊。
信，好守信，言出必行也。好信而無學以裁之，則將失於賊害，謂將害義也。

好直不好學，其蔽（弊）也絞
急切。好正直而無學以裁之，則將失於急切。

好勇不好學，其蔽（弊）也亂。
好勇力而無學以裁之，則將失於悖亂。

好剛不好學，其蔽（弊）也狂
躁率。好剛猛而無學以裁之，則將失於躁率。

17.9 ☆ **子曰：小子，何莫不學夫詩？詩可以興，**興蓋歌也。詩是有韻之文，故可以歌。**可以觀**示，示謂表演也。詩有舞有曲，故可以表演。**可以群**（捃），詩中章句可以供捃摭入言語，入文學，此即後人之摘句也。**可以怨**（訣）慰，詩中悲歡之事讀之可以慰情。**邇之**以**事父，遠之**以**事君**，詩中之事足以爲事君、事父之榜樣。**多識於鳥獸草木之名**。詩中多鳥獸草木之名，識之足以博物。案此六事即《詩經》大序所稱之詩有大義之六義也。

17.10 **子謂伯魚曰：女**（汝）**爲**學**《周南》《召南》矣乎？人而不爲**學**《周南》《召南》，其猶正**當**牆面**前**而立也與**（歟）？此孔子命伯魚學《詩》也。《周南》《召南》，三百篇之首二篇之目也，孔子舉此者，欲以概三百篇，猶其以《雅》《頌》概三百篇也。不學《詩》猶正當牆面立，言於人情世事將一無所知，即知亦不高遠也。

17.11 **子曰：禮云，禮云，玉帛云乎**

哉？<small>玉，珪璋之屬，帛，束帛之屬。</small>樂云，樂云，鐘鼓云乎哉？<small>此言玉帛鐘鼓並非禮樂也。蓋玉帛鐘鼓乃所以表示禮樂而非禮樂本身，是禮樂之器，而非禮樂之意也。禮樂之意在於人心之敬與和，禮教人敬，所以爲異；樂教人和，所以爲同。</small>

17.12 子曰：色厲而內荏，<small>色厲，外貌威猛也。內荏，內心怯弱也。</small>譬諸<small>之於</small>小人，其猶穿窬<small>木戶</small>之盜也與（歟）？<small>穿窬之盜，猶今言劈門大盜也。色厲內荏之人外貌與內心不合，猶如穿窬之盜。穿窬之盜外表聲勢洶洶，極爲可畏，而其內心則戰戰兢兢，惟恐軍警之到來而逮捕之也。</small>

17.13 子曰：鄉原（愿），德之賊<small>害</small>也。<small>鄉愿，鄉間謹愿之人也。德者，有德者之稱。有德者居之忠信，行之廉潔，是非分明，好惡蟚然。然而鄉愿則同乎流俗，合乎污世，居之似忠信，行之似廉潔，非之無舉，刺之無刺，是非好惡隱匿不露，與德正相反，但人皆悅之，以爲有德，是鄉愿與德相亂矣。鄉愿亂德，故爲有德者之害也。</small>

17.14 ☆ **子曰：道聽**受**而塗說，德之棄也**。道聽而塗說者，聽道路上人之言又傳之於道路上人也。德，有德之人。有德者先成己，成己之後，再聽道途上人之意見，與道途上人講說，作成人之工作。成己成人二者有主次之分，本末之別。若忘其本，而專以做末，一天到晚惟以末爲事，是自棄其德也。故曰道聽塗說德之棄也。

17.15 ☆ **子曰：鄙夫可與**以**事君也與**(歟)**哉？**言不可以事君也。**其未得之也，患**不**得之。既得之，患失之。苟患失之，無所不至矣**。言將邪媚諂佞，無所不至以求保其祿位也。

17.16 ☆ **子曰：古者民有三疾**瑕病**，今也或**有**是之亡**(無)**也者**。今人竟有連三疾亦無者。是指三疾。此言並不謂今人皆是如此，但謂頗有人是如此耳。

古之狂也者**肆**，狂，志願太高者。肆，不拘小節。**今之狂也**者**蕩**。蕩，逾越大閑。

古之矜也者廉，矜，持守太嚴者。廉有廉隅，棱角峭厲。今之矜也者忿戾。忿戾，多怒而爭。

古之愚也者直，愚，見理不明者。直，徑行直遂。今之愚也者詐而已矣。詐，挾私用術而已。

17.17 子曰：巧言令色鮮矣於仁實。

17.18 子曰：惡紫，之則奪朱也；惡鄭聲，之則亂雅樂也；惡利口，利口，佞也。之則覆邦家者也。何以惡紫，爲其奪朱也。何以惡鄭聲，爲其亂夏樂也。何以惡利口，爲其將傾覆邦家也。

17.19 子曰：予欲無言。此孔子之牢騷語也。孔子道不行，人無聽其言者，故欲不言。

子貢曰：子如不言，則小子何述焉。子貢不明孔子真意，乃以正理折之。謂子若不言，則弟子將無道可傳述矣。

子曰：天何言哉！四時，行焉

耳，百物，生焉耳。天何言哉！

四季自運行耳，百物自生長耳，天何言哉。天並無言，故吾又何必言哉。孔子因亦將順子貢之言而爲說行教之道。

17.20 **孺悲欲見孔子。**孺悲，魯人，嘗學士喪禮於孔子。

孔子辭以疾，孔子薄其爲人，故托疾以辭之。**將命者出戶。**將命者，孔子之傳命者也。**取瑟而歌，使之其聞之。**使孺悲知其實不病，病乃是託辭，以免其將來再來求見也。孺悲曾從孔子學士喪禮，而孔子竟嚴拒之如此，其中必有故，但不能考矣。

17.21 **宰我問三年之喪，期其已太久矣。君子三年不爲禮，禮必壞，三年不爲樂，樂必崩。**爲禮樂必有衣服器具等，若三年不用，則衣服器具等必崩壞，故三年之期太長。**舊穀既沒盡，新穀既升**登，舊穀之沒，新穀之登，建子之曆皆在年終。**鑽燧改火**。鑽燧，取火用之鑽木也。春以鑽燧取榆柳之火，夏取棗杏之火，季夏取桑柘之火，秋取柞楢之火，冬取槐檀之火。一年而周，周則火改矣，故改火亦在年終。**期朞可已矣**。朞，一周年也。一周年爲喪期可矣。宰我蓋主當年之喪者。喪在春者，過年即除。即喪在冬者，過年亦除。宰我時有親之喪，故問喪期。

子曰：食夫稻，衣夫錦，於女（汝）安乎？

曰：安。

曰：女（汝）安，則爲之。夫君子之居喪，食旨美**不甘，聞樂不樂，居處**室**不安，**居於倚屋。**故不爲也**耳**。今女（汝）安，則爲之。宰我出。**

子曰：予之不仁也！子生三年，然後免離**於父母之懷**抱。

夫（故）三年之喪，天下之通喪（義）也。天下一般之義務。予也有乃三年之愛吝惜於其父母乎？深斥之。言予也，於其父母，乃吝惜三年之期乎？

17.22 曰：飽食終日，無所用心，難矣哉。難以有成矣。

不有博局戲弈圍棋者乎？爲之，猶賢勝乎已此。博弈猶勝於無所用心。此甚言無所用心之不可也。

17.23 子路曰：君子尚貴勇乎？

子曰：君子義以爲上貴。不以勇爲上也。君子有勇而無義，爲則亂。小人有勇而無義，爲則盜。君子小人以位而言。

17.24 ☆ 子貢曰：君子亦有惡乎？問孔子也。君子指孔子。

子曰：有惡。惡稱人之惡者。

無仁厚之意。惡居下流而訕毀上者。無恭敬之心。君臣之禮，有諫無訕。惡勇而無禮者。無忌憚之小必致爲亂。惡果敢而窒（怪）狠者。無仁愛之意。曰：賜也亦有惡乎也。惡徼抄以爲知（智）者。抄人之意以爲己有。惡不孫（遜）以爲勇者。惡訐以爲直者。訐，攻發人之陰私也。

17.25 子曰：唯女子與小人爲難養也。近之則不孫（遜），遠之則怨。女子小人，婢僕之類也。女子小人無教育，故如此。

17.26 ☆子曰：年四十而見惡諡，即讒毁焉，其終也已。此章孔子之自道也。孔子四十左右在齊，齊景公欲封以尼溪之田，後經晏嬰之阻而罷，故孔子嘆曰："年四十而見毀焉，吾之一生其完結矣。"

卷十八　微子篇

18.1 微子去之。微子，殷紂庶兄，見紂無道，將亡，離紂而去。箕子爲之其奴。箕子，紂之諸父。諫紂，紂囚之，以爲奴。比干諫而死。比干，亦紂之諸父。極諫，被紂所殺。

孔子曰：殷有三仁仁人焉。殷有三全德之人也。

18.2 柳下惠爲士師，士師，典獄之官。三黜退。見罷免也。

人曰：子未可以去乎？

曰：直道而以事人，焉何往而不三黜？言用直道事人，則將到處遭忌，而遭罷免。

枉道而以事人，何必去父母之邦？若用枉道，則我在魯亦可，不必他去。此下當有孔子斷語，而脫亡矣。

18.3 齊景公待止，留孔子曰：若季氏，則吾不能，以季孟之閒（間）待給之（子）。魯三卿，季氏爲上卿，最貴。孟氏爲下卿，不用事。景公欲以季孟之間供給孔子，言待之視魯給季氏爲低，給孟氏爲高也。

曰他日又曰：吾老矣，不能用行也。言年老，不能行孔子之道矣。

孔子行去。孔子適齊，無非爲行其道，今既無望，故去也。

18.4 齊人歸（借）贈女樂。女樂，女子樂舞隊也。魯定公十四年，孔子攝行相事，魯國大治。齊人懼，贈女樂以沮之。

季桓子受之。三日不朝。廢朝三日，沉溺於女樂，荒政事也。

孔子行去。以魯君臣荒淫，不足復與有爲也。

18.5 ☆楚狂接見輿，見孔子之輿。歌而過孔子曰：鳳兮，鳳兮，何而汝德之衰也（耶）？狂，佯狂之人。鳳，鳳凰之鳳也。鳳，指孔子。孔子車上蓋繪有鳳凰，故楚狂遂以之代表孔子而稱爲鳳也。德衰謂孔子東奔西走而不見用也。往者不可諫正兮，來者猶可追補也（耶）？往者，指過去。來者，指將來。爾以爲過去不可更正，而將來還可以補救耶？已休而，已休而，今之從政者殆危而。休了罷，休了罷，今之從政者極危險呢。言不得善終也。

孔子下，下車也。欲與之言。將說以大義也。

趨而辟（避）之（子）。不得與之言。

18.6 ☆ 長挾沮（鋤）、桀擔溺尿耦合而耕。二人合而在田畝上工作，蓋在種菜蔬也。長沮，挾鋤者。桀溺，擔尿者。不知其名，因以其所爲稱之。

孔子過之，使子路問津焉。津，過渡處也。孔子不知津在何處，故使子路問之。

長沮曰：夫_彼執輿者爲_是誰？

子路曰：爲_是孔丘。

曰：是魯孔丘與（歟）？

曰：是也。

曰：是知津矣。謂如此，則彼是已知津之人矣，何須再問。長沮不滿於孔子之東西奔走，故不告以津處。

問於桀溺。

桀溺曰：子爲_是誰？

曰：爲_是仲由。

曰：是魯孔丘之徒與（歟）？

對曰：然。

曰：滔_悠滔_悠者天下皆是也。悠悠，周流之貌。悠悠者，周流天下，東奔西走之人也。言東奔西走者極多，滿天下皆是。而_汝誰何以易_異之？之指孔子。汝何以獨寵異孔子而從之乎？此批評子路之不從別人而從孔子也。且而_汝

與其從辟_治人之士也，豈若從辟_治世_數之士哉？辟人之士，治人事之學者。辟數之士，治算數之學者。而且汝治人事之學，又不如治算數之學之為美也。此批評子路之所學。

耰而不輟_止。耰，覆種也，即第二次之耕種也。耕種之法，第一次先下種子。種子出後，再去野草而加肥料，謂之覆種。桀溺覆種不止，亦不肯告子路以津處。

子路⾏以告。

夫子憮然曰：憮然，猶悵然也。痛其不喻己志。鳥獸不可與同群，吾非斯人之徒與，而_則誰與哉？人不能與鳥獸同群，吾若不與人類相與，則更與誰相與乎。此言不治人事之學之不可也。天下有道，丘不與易_異也。天下有道之人，丘不與之異也。此言天下之有道者皆有相同之意見，大家都主辟人，不止我一人也。

18.7 ☆ 子路從而後（候）訪問、問候。子路從孔子訪問，蓋孔子周游列國時，常於所過之處糾集弟子而教育之。此次，與子路分頭出發到各村人家訪問家長。**遇丈人**，丈人，老人也。**以杖荷蓧**。蓧，竹器，即草田器（草，動詞），除田中之草之器，以竹爲之。丈人蓋於日晚之時，從城鎮買物歸來，到家門前與子路相逢。

子路問曰：子見夫子乎？ 夫子二字含有二義，一爲先生，即老師；一爲大人，即老爺。在孔子身上，老師、老爺二位一體，所教所爲皆是政治。子已見過先生乎？子路疑孔子或已到過丈人家，故問。

曰：四體不勤勞，**五穀不分**（糞）治，**孰**（熟）**知爲夫子！** 此斥孔子師生也。謂孔子四肢不能勞，五穀不能種，而往上爬，做老爺則是明工一樣（甬語）。丈人不喜政治，故以夫子一詞之另一義以譏之。

植（置）**其杖而芸**耘。耘，除草也。**子路拱而立**。拱，沓手也。以丈人長者，雖見責不敢不敬之也。

止子路宿。丈人見子路知有長幼，乃賢者，因留子路宿於其家。**殺雞爲黍而食之，見其二子焉**。介紹其二子與子路相見，使從孔子。

明日，子路行還**以告**。

子曰：隱者也。言此人是隱居者。

使子路反（返）見之。使去告以己之心事也。

至（子）則行矣。孔子則去別處訪問，不與子路同去。

子路曰：與之語也。**不仕**出仕**無不義**。**長幼之節不可廢也，君臣之義，如之何其廢之？欲潔（絜）其身，而**則**亂大倫**。倫，理也。大倫，君臣之倫。欲將自己絜拔而出，則必亂大理矣。此言孔子之仕非爲向上爬也。**君子之仕**事也，**行其義**宜**也**者，**道**導**之。不行**

也**，已必知之矣**。君子指孔子。此子路言孔子教立心出仕與不出仕之兩種弟子之態度也。子路應用夫子，但以此二字於丈人爲刺耳，故避而不用。孔子認爲仕，即肯出仕者，是行其義。此種人，孔子即輔導之，教以如何爲政。不行也，即不肯出仕者。此種人，孔子則必使其知義須行之理，以期其改變主張也。

18.8 ☆ **逸民**隱居不仕者：**伯夷、叔齊、虞仲、夷逸。**

朱（疇）張：陽狂不恭者也，謂滑稽玩世之人也。逢場作戲，聽命扮角色者也。朱張乃逸民之對。**柳下惠、少連。**

子曰：不降其志，不降低其意志，到處隨時大談世務，力持正論也。**不辱其身**，不仕於庸亂之君卿之朝。**伯夷、叔齊與（歟）？**贊之之辭。

謂論**柳下惠、少連，降志辱身矣。言中倫，行中慮**計**，其**若**斯

而已矣。所言合於上級指示之倫理，所行合於個人利害之計慮，如此而已，貶之之辭。

謂論**虞仲、夷逸，隱居放**置**言。**放言，不談世務也。**身中清，**不奪其身合乎清。**廢中權。**不談世務則合乎權變之道。**我則**惟**異（怪）於是（其）無可無不可。**二人一經隱居就放言，對於一切事情皆不置可否，緘默終身，對於世務一若毫無意見似者，此則為我之所不解而覺可怪者也。二人者，蓋已降其志焉。孔子則與此二人異，有可有不可。可，指應行者，應主張者。不可，指不可行者，不應主張者。無必行，無必不行，一切皆看當時情況而定也。即不出仕，亦必將應仕之道教導於人，所謂為木鐸也。即居亂邦，亦必如此。但其言之也，略取遜順之態度而已。

18.9 **大（太）師摯適齊，亞飯干適楚、三飯繚適蔡，四飯缺適秦，**亞飯、三飯、四飯，以樂侑食之官。**鼓方叔入於河，**鼓，擊鼓者。河，黃河也。**播鼗武**

入於漢，鼗，小鼓之有二耳者。播鼗，搖小鼓者。漢，漢水也。少師陽、擊磬襄，入於海。少師，樂官之佐。海，海邊也。此蓋記孔子死後，樂人散去之情形也。

18.10 ☆周公謂魯公曰：魯公，周公子伯禽也。封於魯，故稱魯公。君子不施（弛）遺棄其親，親謂諸父昆弟。不使大臣怨乎不以用。故舊無大故，故舊，舊有勳勞者。大故，惡逆之事。則不棄也。棄，放流殺戮也。無求備於一人。人非全才，不能一切皆會，故當相其所長而用之，不求備矣。

18.11 周有八士：伯達、伯适、仲突、仲忽、叔夜、叔夏、季隨、季騧。

卷十九　子張篇

19.1 ☆ 子張曰：士見危致（思）命，見危，如遇患難與疾病等。見得思義，祭思敬，喪思哀，其可已矣。能此四者，其亦可矣。此卑之無甚高論也。

19.2 ☆ 子張曰：執守德不弘（強）堅，信道不篤固，焉能爲有，焉能爲亡（無）？不能爲有無，言無所影響於世也。世有此種人，無此種人，結果還是一樣。

19.3 子夏之門人問交於子張。問與人交游之道。

子張曰：子夏云何？

對曰：子夏曰："可者與之，其不可者拒之。"

子張曰：異乎吾所聞。與吾所聞於孔子者有別。君子尊賢而容_{寬容}眾，嘉_美善而矜_憐不能。我之_若大賢與（歟），於人何所不容？我之_若不賢與（歟），人將拒我，如之何其拒人也（耶）？此言子夏之教根本不能實行也。

19.4　子夏曰：雖小道必有可觀_多者焉，致_至遠恐泥_滯，是以君子不爲_學也_耳。小道指百工眾技，農圃醫卜之屬。致遠，謂治國平天下也。小道皆以利民，故有可觀。但彼皆只得一際耳，若欲以易天下，則於治平之道恐將泥滯而不通，故君子之不欲學也。君子之大道則兼容并蓄，通盤籌算。

19.5　子夏曰：日知其所亡（無），_{所無，所未曾學也。}月無忘其所能，_{所能，其所已學者。}可謂好學也已矣。日知其所無，端在讀書；月無忘其所能，端在將一月之書溫習一過。能日知而月不忘，此人也可謂好學者也。

19.6 ☆ 子夏曰：博學而篤志（誌），徧學而固記之也。學，指讀書言。切問而近思，概問而切思之，即訊問而切思之也。問就與人交談言。仁仁人在其中矣。博學、切問皆是智之事，人並不能即因此而成爲仁人。但博學、切問之後，仁人却可從此而出，故曰仁在其中矣。何也？則以人能是二者，則歷史事實，眼前情形，無不曉知，應付之術亦自呈露，是全德之人的主要條件已經具備也，再起而行則即成爲仁人也。

19.7 ☆ 子夏曰：百工居肆 市肆 以成其事，君子 居 學 學校 以致 就 其道。肆謂官府造作之所。百工居肆以成其事，君子居學校以就其道。此以百工之不可少市肆喻君子之不可少學校也。

19.8 子夏曰：小人之過也必文 飾。非但不肯老實承認是過，而且還欲設辭以辯其過之非過也。其不肯改過也顯然矣。

19.9 子夏曰：君子有三變。此就接近者所感而言。望之儼然，其貌矜莊。即就之也溫，顏色溫和。聽其言也厲。辭義嚴正。

19.10 ☆子夏曰：君子信而後勞其民。未信，則以爲厲虐己也。信而後諫其君。未信，則以爲謗毀己也。信，謂己之德見信於君民也。以爲厲己，民以爲厲己也。以爲謗己，君以爲謗己也。

19.11 子夏曰：大德不逾閑法，小德出入，可也。大德、小德猶言大節、小節也。言大節不可逾越禮法，小節則有出入亦無妨也。子夏不堅持原則，此子夏圓通之處也。

19.12 ☆子游曰：子夏之門人小子（之）矣，細小哉，言不遠大。當任灑掃，灑掃堂宇。應對，應對賓客。進退，主持禮節。則可矣。抑末也耳。本之也則無，如之何？本謂修己治人之道也。子游譏子夏弟子只重末節而忽大道。

子夏聞之曰：噫！心不平之聲。**言游**浮**過**甚**矣。**謂子游之言虛浮甚矣。虛浮，猶言大而無當，不着邊際也。指子游謂子夏之門人皆無本，一似一般人皆可以有本者然。**君子之道孰先，傳焉；孰後，倦焉。譬諸草木，區以別矣。**君子之道，指修己治人之道。先後是動詞，輕重之之意。此節謂誰先君子之道者，以君子之道爲先者，重君子之道者，誰就傳君子之道。後君子之道，以君子之道爲後，輕君子之道者，誰就厭倦而不傳之。此二種人一如草木，分別顯然也。**君子之道，焉可誣也（耶）？**誣，猶强加之也。君子之道豈可强加於感厭倦之人身上乎。**有（又）始有（又）卒者。其惟聖人乎？**始卒，本末也。本末兼有者，惟有聖人耳，非門弟子之所能及也。

19.13 ☆ **子夏曰：仕**事**而**之**優**餘**則學，學**

而之優餘則仕事。作事之餘則讀書，此子夏所謂行有餘力則以學文也。讀書之餘則事，此子夏之弟子所以都能灑掃應對進退也。

19.14 子游曰：喪，致極乎哀而止已。言不必於禮文方面多致意也。喪與其易也寧戚，不若禮不足而哀有餘之意。

19.15 ☆ 子游曰：吾友張（根）也，爲難能及也。然而未無仁恩。根，申根也。根性剛，剛者，斷制一切，不稍顧惜，故有傷於恩。

19.16 曾子曰：堂堂乎張（根）也，堂堂，剛強貌。難與並爲學仁矣。剛者，少慈愛之意，故難與共學仁道。仁道以慈愛爲主也。

19.17 曾子曰：吾聞諸之於夫子，人未有自致者也，自致，自盡其力也。必也親近喪乎。親近，猶接觸也，接觸人。我喪事之時，人始能自盡其力，蓋人情於人之云亡，無不悽愴，惻隱之心一動，即思盡力相助矣。

19.18 曾子曰：吾聞諸_{之於}夫子，孟莊子之孝也，其他可能_及也，其不改父之臣與父之政，是難能_及也。孟莊子，魯大夫仲孫速也。孟獻子之子。常人於父歿後，必將其父之政與父之臣大加更動以便己私，而孟莊子能反其道，此則其孝之難及處也。

19.19 ☆ 孟氏使陽膚爲士師。陽膚，曾子弟子。

問於曾子。陽膚問也。

曾子曰：上失其道，民散久矣。散，不自檢束也。在上者失道，下民乃不自檢束以致犯罪，爲日已久矣。如得其情實，則哀矜而勿喜。汝往鞫獄，能審得其犯罪之情實，當哀憐之而不可以自己之明察善斷而自喜也。

19.20 ☆ 子貢曰：紂之不善，不如是之甚也。紂之惡並不如人所說之甚。**是**乃**以君子惡，居下流，天下之**以**惡皆歸焉**之。君子指紂。居下流，猶言在泥淖之中，指其失國也。子貢言紂之所以有此多惡者，乃以紂性本惡，又失國無勢，天下之人遂以一切惡事皆歸與之耳。

19.21 ☆ 子貢曰：君子之過也，如日月之食焉。言其明顯之至，無人不知。過也，人皆見之。更改也，人皆仰慕之。

19.22 衛公孫朝問於子貢曰：朝，衛大夫。仲尼焉學？公孫朝問孔子於何處學。其意問向何人學也。

子貢曰：文武之道，指周之禮樂也。未墜於地，在人。猶存於民。賢者識其大者，不賢者識其小者。莫不有文武之道焉。夫子焉無不學，而_故亦何_無常師之有。_{夫子指孔子。言夫子大小之道無所不學，故無有常師。}

19.23 ☆ 叔孫武叔語大夫於朝曰：_{武叔，魯大夫叔孫州仇。}子貢賢_勝於仲尼。

子服景伯以告子貢。

子貢曰：譬之宮_圍牆，賜之牆也及肩，_{與肩齊也。}窺見室家之好。夫子之牆數仞_{七尺曰仞}，不得其門而入，不見宗廟之美，百官（館）之富。_{百館之富，指朝廷也。宮牆之譬，以譬道之大小也。}得其門者或_則寡矣。夫子之云，不亦宜乎。_{此夫子指武叔。言武叔學無門徑，程度不够，只能知我之低淺露之道，而不能知孔子之高深奧之道，宜其有子貢賢於仲尼之言耳。}

19.24 ☆ 叔孫武叔毀仲尼。

子貢曰：無以_此為也。_{無為此事。}

仲尼不可毀也。他人之賢者，丘陵也，猶可逾踐踏也。仲尼，日月也。無得而逾踐踏焉。人雖（惟）欲有自絕盡，其何傷於日月乎？多只見其不知量也

耳。欲逾日月，只落空中而取滅亡，故曰自絕，於日月有無傷也？此只以顯示其人不知分寸耳。

19.25 ☆ 陳子禽謂子貢曰：子爲恭也耳，仲尼豈賢勝於子乎？此蓋與前章爲一時事，子禽同意叔孫武叔之言，而以子貢之不承認爲行謙恭而已。

子貢曰：君子一言以爲知（智），一言以爲不知（智），言不可不慎也。此責子禽之不慎言也。

夫子之不可及也，猶天之不可階而升也。夫子之得爲邦家者也，所謂立（粒）之斯立

（粒），與民以粒食，則民就能粒食。**道**（導）教**之斯行**從，教導其民，則民隨從其教。**綏**安**之斯來**歸附，此就遠國之民而言。安綏之，則民歸附之。**動之斯和**。此就敵國之民而言。行德以感動之，則民應和之。**其生也榮**樂，夫子之生也，民樂之。**其死也哀**。其死也，民哀之。**如之何其可及也**（耶）？如此之人，誰能及之耶？

卷二十　堯曰篇

20.1 ☆ 堯曰：咨（嗟）爾舜。天_帝之歷_次數在爾躬，_{帝王相繼之列次現在輪到你之身上。}允以執其中。_{中，文卷簿錄也。爾其繼我以執掌此簿錄文卷。}四海困窮。_{當今四海正在窮困之中。懲戒之也。}天_帝禄永終。_{帝禄其長止於爾身上。祝禱之也。此堯禪位於舜時，命舜之辭也。}

舜亦以命禹。_{舜禪禹時，亦以此辭命之。}

20.2 ☆ 湯曰：予小子履，敢用玄牡，敢昭告於皇皇后帝。有罪不敢赦。_{有罪指桀。桀有罪，不敢赦之。}帝臣不_無蔽（弊）。簡_閱在帝心。_{帝臣，帝之臣，湯自指也。我無私弊，當在帝之明鑒之中。言不}

敢存私心而不討桀也，此湯討桀時，告天之辭也。

朕躬有罪，無以與**萬方。萬方有罪，罪在朕躬**。此湯克夏後，大旱，以身禱於桑林，引過自責之辭也。謂朕一人有罪，與萬方無與。而萬方有罪，則是朕之過也。言一切當惟己是問，無怪民眾也。

20.3 **周有大賚**賜，**善人是富**。此記周克商以後之事。大賜，封諸侯也。周之封諸侯，所使富者皆是善人。

"**雖有周**至**親，不如仁人。**"

"**百姓有過，在予一人。**"此周武王封諸侯時之辭也。

20.4 **謹**慎**權**秤**量，**量，斗斛也。**審**察**法度，**法度，禮樂制度也。**修廢官，**官有廢闕，則修治之。**四方之政行焉。**

興滅國，諸侯之國為強暴所滅者，興之。**繼絕世，**賢者無後，則復其祀。**舉逸民，**隱逸未仕之人舉用之。**天下之民歸心焉。**

20.5 ☆ 所重：民、食、喪、祭。

20.6 ☆ 寬則得衆。信則民任信焉，敏則有功，公則說（悅）。政教平，則民悅服。以上各章蓋是孔子或孔子弟子之讀書摘錄，編《論語》者隨而附入。《季氏》篇之"君夫人"章，《微子》篇之"大師摯"等三章亦是摘錄，特不如此篇彙在一處，而錯在各篇耳。

20.7 ☆ 子張問於孔子曰：何如斯可以從政矣乎？

子曰：尊（遵）五美，屏除四惡，斯可以從政矣。

子張曰：何謂五美？

子曰：君子惠而不費，勞而不怨，欲而不貪，泰而不驕，威而不猛。

子張曰：何謂惠而不費……？此間當尚有其餘之四句，記者以文義明白，乃只留空白，未曾將其寫出。今以省略號表之。

子曰：因民之所利而利之，斯不亦惠而不費乎？民所利者因而不棄，不煩更張，故無費於財。擇可勞而勞之，又誰怨？擇可以勞苦者而勞苦之，其不能勞苦者不勞苦之，相材而用，人無怨恨焉。欲求仁仁人而得仁仁人，又焉貪？欲得仁人而得仁人，何必再貪乎？君子無衆寡，無小大，無敢（嚴）尊、敬慢，斯不亦泰而不驕乎？心目中無衆寡、無大小、無嚴慢之分別，一切均以平等出之，此之謂舒泰而不驕矜。君子正其衣冠，尊其瞻視，儼然人望而畏之，斯不亦威而不猛乎？外貌可畏，內心則否，此之謂威而不猛。

子張曰：何謂四惡？

子曰：不教而殺，謂之虐。不與教育而即殺之，謂之殘虐。不戒視成，謂

之暴。視成，考成也。舉辦事情不預先丁寧告戒而即考成，謂之暴急。**慢（漫）令致期謂之賊**。不經規劃而隨便發號令，要刻期完成一事，謂之賊害。**猶**均**之與人也，出納之吝，謂之有司**。均之，以物與人。而於出納之際，吝而不與，謂之有司。有司，猶言小家氣也。

20.8 **子曰：不知命，無以爲君子也。**命爲生死窮達之分。不知命，則見害必避，見利必趨，何以爲君子也。

不知禮，無以立也。

不知言，無以知人也。知言，分別人言之是非。不能知言，則無從知人之智愚、誠僞、邪正也。

各卷附錄

卷一　學而篇

1.1　說＝人名　《史記·殷本紀》："武丁夜夢得聖人，名曰說。以夢所見視群臣百吏皆非也。於是迺使百工營求之野，得說於傅險中。是時說爲胥靡，築於傅險。見於武丁，武丁曰是也。得而與之語，果聖人，舉以爲相，殷國大治。故遂以傅險姓之，號曰傅說。"《書·說命上》："高宗夢得說，使百工營求諸野，得諸傅巖。"

　　樂（　）洛（聲近可通）

　　慍＝愁　《廣雅·釋詁二》。

1.2　務＝事　《淮南·修務》"名可務立"註。

　　道＝治　《廣雅·釋詁三》。

也＝者　《經傳釋詞》。

爲＝治　《小爾雅·廣詁》。

仁( )人　朱翔鳳鄭註輯本"爲仁"作"爲人"。黃汝成《日知錄集釋》引錢氏曰："《初學記·友悌部》，《大平御覽·人事部》引《論語》俱云：'其爲人之本與'。"仁皆作人。

與( )歟　古字通。

1.4　三( )參　參三二字通。《荀子·勸學》篇："君子博學而日參省乎己，則智明而行無過矣。"《群書治要》引作"而日三省乎己。"

傳＝業　傳，《魯論》作專。專＝業　《廣雅·釋詁四》。

1.6　仁＝仁人　《荀子·仲尼》"以爲仁則必聖"楊註。《富國》"將以明仁之文，通仁之順也。"註："仁謂仁人。"

1.7　賢( )臤貝二字　臤( )娶，而貝乃爲㠯字之形誤（涉下賢字而誤），而㠯乃古文以字也。

賢＝有德謂之賢　《詩·烝民》序"任賢使能"疏。

色＝形貌　《後漢書·嚴光傳》："帝思其賢，乃令以物色訪之。"章懷太子註："以形貌求之。"

曰＝是　裴學海《古書虛字集釋》（下省稱《集釋》）。

1.8　重（ ）動　《左傳·僖公十五年》："慶憂以重我。"王引之《經義述聞》曰："感動也。"是讀重爲動也。重、動同聲系，故可通。

補不字　此處文字有脫漏，下章章首脫"子曰"二字亦其證也。無不字則文體不一律。

1.9　另分爲一章　毛奇齡《論語稽求篇》："'君子不重'十一字自爲一章，'主忠信'三句自爲一章。"其說是也。"主忠信"三句又見於《子罕》篇而無其上各句，是二章本是分立之證也。此三句與上文文體又不一律，一是敘述，一是吩咐，如何合得來。

補子曰二字　《子罕》篇第24章有"子曰"二字。

主＝尚　《國語·晉語》："主言而無謀"註。

"不如己者"採黃以周《論語後案》說。

1.10　歸＝就　《廣雅·釋詁二》："就，歸也。"朱駿聲曰："歸，就也。"是二字可互訓也。

1.11　是（ ）氏　《儀禮·覲禮》"太史是右"鄭註："古文是爲氏也。"《後漢書·李雲傳》註："是與氏古字通。"

聞＝知　《國策・齊策》"我未聞者"註。

讓＝推　皇疏"推己以測人"，是以推爲推測之推也。

此章用皇疏所引梁冀之說。

得＝知　《呂覽・任數》："則得之矣"註。《禮記・樂記》"禮得其報則樂"註："得謂曉其義。"亦是知字之意。

1.13　禮（　）醴　禮醴同聲系可通。《禮記・內則》"宰醴負子"註："醴當爲禮，聲之誤也。"《禮記・昏義》"贊醴婦"註："當作禮，聲之誤也。"是其證也。

行＝可　《集釋》。

刪可字　漢石經無可字。

1.14　可（　）歌　可爲歌之古文。

復＝重　《集韻》。

　＝反復　《正韻》。《易・復卦》："反復其道。"

遠＝迂　迂，《玉篇》："遠也。"則遠亦可訓迂也。《史記・孟荀列傳》："迂遠而闊於事情。"以迂遠二字並用，是二字同義也。

恥（　）趨（聲近可通。）

辱（ ）縟　縟從辱聲，故辱可讀縟。

縟＝飾　《玉篇》。

1.15　另爲一章　《四書辨疑》謂："因至宗也九字蓋別是一章，首闕言者主名。"謂別是一章是也。以合爲一章則文體意義皆不一律之故也。

補子曰二字　《說文繫傳·通論》引"禮曰：姻不失其親"，禮疑記字誤，前人引"記曰"有爲孔子之言者，此當亦是孔子之言，故補"子曰"二字。

因（ ）姻（因，《六書正僞》："借爲昏姻之姻。"）

親＝愛　《廣雅·釋詁三》。

1.17　補好字　《禮記·坊記》云："子云：'貧而好樂，富而好禮，衆而以寧者，天下其幾矣。'"所引即出於此章，"貧而好樂"句，樂上有好字，是此處脫之也，因據補。此俞曲園說，見《茶香室經說》卷十六。

諸（ ）者　《大戴記·小間》"繁諸"註作"繁者"。

卷二　爲政篇

2.1　悳（　）直　《說文》："悳，升也。從彳，惪聲。又惪，外得於人，內得於己也。"可見德字有兩種形式，此處德字應爲第二種。但此惪字常與直字相混。《禮記·玉藻》："立容德"，德通惪。惪乃直字之誤，是其例也。《論語》此章直字之誤爲惪亦同此例。

　　直＝當　《漢書·地理志》"報仇過直"註："亦當也。"

　　德＝得　《釋名·釋言語》："德，得也，得事宜也。"得事宜亦即得當之意也。

　　共（　）拱　拱从共聲，故共可讀拱。

2.2　蔽＝斷　《論語筆錄》。

　　邪＝僞　《文選·西京賦》"邪贏優而足恃"薛註。

2.3　道（　）導　導从道聲，故道可讀導。

　　政（　）征　《周禮·閭胥》"凡春秋之祭祀，役政喪紀之數"註："杜子春讀政爲征。"《禮記·

檀弓下》："無苛政"，"苛政猛於虎。"王念孫讀政爲征。

齊（　）濟　《後漢書·陳寵傳》："必宜濟之以寬"註。濟＝成　《爾雅·釋言》。

免（　）勉　勉从免聲，故免可讀勉。《漢書·谷永傳》"閔免遁樂"註："閔免猶黽勉也。"是其例也。勉＝強　《說文》。強＝暴　《爾雅·釋言》。

德＝恩施　《憲問》篇："何以報德？"鄭註："德謂恩施也。"《禮記·玉藻》"立容德"疏引賀氏："德，有所施與之名也。"《後漢書·荀悅傳》註："慶賞之謂德。"

格＝陞　《爾雅·釋詁》。

　＝起　《爾雅·釋天》"大歲在寅曰攝提格"，《淮南·天文》註："格，起也。"

立＝定　《後漢書·郎顗傳》"主名未立"註："立猶定也。"

耳（　）爾　耳通爾。耳、爾同日母字，故可通。《史記·封禪書》："文成食馬肝死耳。"《孝武紀》耳作爾，是其例也。

爾＝此　《經傳釋詞》。

從心句絕　柳宗元《與楊誨之書》曰："孔子七十而縱心。"於心字絕句。

從（　）縱　皇疏從讀爲縱。

2.5　慈惠愛民曰孝　《魏書・甄琛傳》。

事＝役使　《史記・傅靳蒯成傳》"坐事國人過律"《索隱》。

＝使用　《老子》"治人事天"註。

祭之以禮句後儒所加　《論衡・問孔》篇引此文全章無此句。《禮記・禮運》《正義》亦無此句。《孟子・公孫丑下》"葬魯"章句引《論語》曰："生事之以禮，死葬之以禮，可謂孝矣。"亦無"祭之以禮"句，可見是後儒所加也。《孟子・滕文公上》引此文有"祭之以禮"句，作"曾子曰"。是孟子明以此爲曾子之言，而不以爲孔子之言也。故今定爲曾子所加。

2.7　是＝祗　《文選・東京賦》："祗吾子之不知言也。"薛註："祗，是也。"祗可訓是，則是亦可訓祗矣。

至（　）摯　《書・西伯戡黎》"大命不摯"傳："摯，至也。"疏："摯、至同音，故摯爲至也。"是摯、至互通也。而摯又通鷙。《禮記・儒行》

"鷙蟲攫搏，不程勇者"，《釋文》："鷙與摯同。"鷙蟲，《儒行》註："猛鳥猛獸也。"又《後漢書·吳漢傳》"其人勇鷙有智謀"註："凡鳥之勇銳，獸之猛悍者，皆名鷙也。"《儒行》註："鷙字從鳥，埶省聲也。"埶即摯之或體。

於＝與　《經義述聞·通說》。

2.8　色（ ）塞　聲近可通。《中庸》："不變塞焉"註："塞或爲色"，是其例也。塞＝實　《詩·燕燕》："其心塞淵。"唐時定本："塞，實也。"實此處是副詞，不如《正義》所誤解爲形容詞。

有酒句絕　孔廣森《經學卮言》："讀當以食先生饌爲句。言有燕飲酒，則食長者之餘也。有酒、有事，文正相偶。"

饌（ ）餕　鄭氏《論語》饌作餕，二字本通。

2.9　亦＝則　《集釋》。

足＝能　劉淇《助字辨略》。

2.10　察（ ）瞭　同聲母字。

2.11　溫（ ）蘊　二字通。《禮記·內則》："柔色以溫之。"《釋文》："溫本作蘊。"祝睦後碑"溫化以禮"，蘊作溫，是其例也。

蘊＝積　《說文》："蘊，積也。《春秋傳》曰：

'薀利生孽。'"

＝畜　《左傳·昭公十年》"薀利生孽"註。《漢書·史丹傳》引《經》"溫故知新",顏註:"溫,厚也。溫故,厚蓄故事也。"薀愭猶積聚也。愭與畜通。《後漢書·馬融傳》"疏越薀愭"註。

溫厚言富足也。　《漢書·張敞傳》"居皆溫厚"顏註:"厚亦當是富足之義。"

馬融《論語註》溫即作薀解。鄭君始作溫習解。

2.12　器（　）氣　《莊子·人間世》"氣息茀然",《釋文》:"向本作謁器。"《大戴禮·文王官人》篇:"其氣寬以柔",《周書》氣作器。《禮記·樂記》:"然後樂氣從之",《校勘記》:"氣,閩監毛本作器。"皆是氣、器二字互用之證。

氣（　）愾　同聲系故可通,《釋名·釋天》:"氣,愾也。愾然有聲而無形也。"

愾＝怒　《左傳·文公四年》"諸侯敵王所愾"註:"愾,狠怒也。"《廣雅·釋詁一》:"愾,滿也。"王氏《疏證》謂:"氣,滿也。"案滿乃薀之脫文也。

2.13　行＝試　行＝歷　《國語·晉語》"行年五十矣"

章註。歷＝試 《文選·魏都賦》"優賢著於揚歷"劉註。

2.17 知（　）志 俞曲園說，見《論語平議》。

為（　）謂 《經傳釋詞》。

2.18 學（　）問 《史記·仲尼弟子列傳》學作問。

2.19 錯（　）措 《釋文》："錯，鄭本作措。"

諸＝之於 諸為之於之合聲。《國語·齊語》："輕過而移諸甲兵。"《管子·小匡篇》諸作之於。《集釋》引《經傳釋詞補》。

2.20 以＝與 《廣雅·釋詁三》。

勸＝勉 《說文》。

孝＝養 《釋名·釋言語》引《孝經說》曰："孝，畜也。畜，養也。"

慈（　）之 慈通子。《禮記·樂記》："則易直子諒之心油然生矣。"《韓詩外傳》子諒作慈良。是慈、子通也。子又可通之。《呂覽·介立》介子推，《左傳·僖公二十四年》作介之推。《莊子·大宗師》孟子反，《論語》作孟之反。皆其例也。

2.21 孝（　）考 吳大澂《古籀補》孝字條云：古文考、孝二字通用，見丁福保《說文解字詁林》。

《史記・燕召公世家》孝公，《漢書・古今人表》作考公。

2.23　十（　）下　字形相似而誤。下字篆文作丅，與十字之相去真是微乎其微也。

　　也（　）邪　也與邪通。《經傳釋詞》："邪猶也也。"又《集釋》："也猶邪也。"

　　補亦字　皇本有亦字。

卷三　八佾篇

3.1　謂＝論　皇疏："謂者，評論之辭也。"
3.2　取＝爲　《廣雅・釋詁三》。
3.4　本＝要　《淮南・氾論》"治國有常，而利民爲本"註。

　　戚（　）慼　同聲系字。《南史・顧憲之傳》"喪易寧慼"即作慼字。俞曲園說，見《論語平議》。

　　慼＝迫　《說文》。

3.5　之＝尚　《集釋》。

3.6 旅＝國有大故之祭　《周禮·大宗伯》："國有大故，則旅上帝及四望。"司馬彪註："所謂故非專指凶災。"《周禮·司寇·朝士》："若邦凶荒禮喪寇戎之故。"是軍事亦包括在內也。又旅，陳也。《周禮·大宗伯》註："軍陳之陳。"此章之旅，應解爲軍事之祭而非普通之祭也。

泰山（　）求也　求也之訛爲泰山，乃因二字篆文爛脫後臆補而成。求，篆文作㐁，頭上爛脫，只留木。也字篆文作凵，尾部爛脫，只留山，讀者不解，以爲即是篇首泰山（㐁山）二字之殘留，因即讀爲泰山矣。而不知如此讀則此句毫無意義矣。試問泰山何能知禮，泰山神更如何知禮。此必是齊魯迂儒之妄作，不足信也。林放在上章雖曾問禮，但吾人不能即斷定此章之事亦是有關於禮者。劉逢禄《論語述何》曰："林放，季氏之世臣也。"雖不知其所據，但以說此文則於情理頗合。

3.7 揖讓而升下絕句　《釋文》："鄭讀揖讓而升下絕句。"

3.8 起＝發明　《集解》引包咸註。

3.9 足＝能 《集釋》引《助字辨略》。

3.10 迎牲親殺 《禮記・玉藻》："君子遠庖厨，凡有血氣之類，弗身踐也。"註："踐當爲翦，聲之誤也。"《正義》："若祭禮之事則自爲之。"故《國語・楚語》云："天子禘郊之事，必自射其牲。諸侯宗廟之事，必自射牛，刲羊，擊豕。"是也。

3.11 於＝在 《集釋》引《呂氏春秋・期賢》篇註。

如＝可 如＝能 《集釋》。能＝可 《集釋》。

示（ ）寘 鄭註《中庸》云："示，讀如寘諸河干之寘。寘，置也。"此文無註，意亦當同。《宋書・周郎傳》："昔仲尼有言，治天下若寘諸掌。"此或出鄭本。古寘多作示。《易・坎上六》："寘於叢棘。"劉表註作示。《詩・鹿鳴》"示我周行"，鄭箋："示當作寘。"是也。

3.12 祭＝索 《說苑・權謀》："孔子曰：'祭之爲言索也。'"索＝恐懼之貌 《易・震卦》："震索索。"《釋文》："索索，懼也。"又引馬註："內不安。"《易》疏："心不安之貌。"

祭如在祭神二句改讀 舊讀文義不完，故宜改之。祭神則如神在矣。祭如在者，誰在耶？

3.14　監（ ）檻　同聲系字故可通。

3.16　皮（ ）破　破从皮聲，故皮可讀破。

爲（ ）貨　爲賜可通。《說文·貝部》："賜，資也，或曰：'此古貨字。'"此章俞曲園說，見《春在堂全書·經課續編三》。

3.17　愛（ ）吝　《国语·魯語上》"人其以子爲愛"註。

＝嗇　《孟子·梁惠王上》"百姓皆以王爲愛也"註。

3.21　社（ ）主　社，鄭本作主。

使民戰栗　用戴望說。戴曰："義取使民之道常自戰栗。堯戒曰：'戰戰栗栗，日慎一日。'一曰：'戰栗，謹敬貌。'"（戴著《論語註》）。

說＝舍　《易·繫辭上》："故知死生之說。"註：赦也。《詩·瞻卬》"女覆說之"註：猶置也。《易·睽》"後說之壺"虞註。

遂＝亡　《說文》。

諫（ ）簡　同見母字可通。《詩·板》"是用大諫"，《左傳·成公八年》作"是用大簡"，是其例也。簡疏略。《書·仲虺之誥》"簡賢附勢"傳，《論語·公冶長》篇"狂簡"孔註。

咎＝災　《說文》。

3.22　器＝能　《禮記・王制》"瘖、聾、跛、躃、斷者、
侏儒、百工，各以其器食之"註。

歸（　）婦　字形相似而誤。歸，籀省作㱕，而
㱕與婦形極相似。

3.23　師（　）司　師，審母字；司，心母字，可通。
邢疏："大師樂，官名，猶《周禮》之大司樂
也。"其實即是大司樂也。

從如字讀　葛寅亮《四書湖南講》曰："從讀如
字，是接連始作不間歇也。"見翟灝《四書考
異》。

此章之解參用鄭玄之說。

3.24　喪＝亡　《說文》。亡＝奔　《國語・晉語》"請由
此亡"註。　＝走　《國策・中山策》"中山君
亡"註。

將＝乃　《經傳釋詞》。

3.26　觀＝多　《爾雅・釋詁》。多＝贊　美也，稱美也。

卷四　里仁篇

4.1　里（　）鯉　从里聲，故里可讀鯉。

擇( )宅 《文選》張衡《思玄賦》："匪仁里其焉宅兮，匪義迹其焉追。"引此章文而擇作宅，註引《論語》擇亦作宅。宅擇之通他例尚多。

處＝居 《廣雅·釋詁二》。

4.3 另為一章 章首補子曰二字。內容不同，故應分明。

利＝裁成 《易·乾·文言》"利物足以和義"何註。

4.5 惡＝醜陋 《書·洪範》"五曰惡"傳。

＝垢穢 《管子·水地》"夫水淖弱以清，而好灑人之惡"註。

4.6 處( )據 《禮記·投壺》註："梁丘據"。《釋文》："據本作處。"是二字可通也。據＝就 《文選·東京賦》"據其府庫"薛註。

4.7 另為一章，章首補子曰二字 《四書辨疑》曰："予謂君子以下二十七字當自為一章。"是也。

4.9 尚＝加 《廣雅·釋詁二》。

加＝陵 《左傳·襄公十三年》"君子稱其功以加小人"註。《論語·公冶長》篇"我不欲人之加諸我也"《集解》引馬註。

矣( )也 《三國志·顧雍傳》註引矣作也。

4.10 日＝旦　《國策·秦策》"一日山陵崩"註。

4.12 死＝窮　《廣雅·釋詁四》。《曾子制言》："日旦就業，夕而自省，以歿其身，亦可謂守業矣。"即是此章之解釋，但"以歿其身"句還是贅疣也。

4.14 適（　）狄　同聲定母字故可通。適，鄭本作敵，是敵、適通也。而敵、狄通。《周禮·秋官·象胥》註："西方曰狄鞮。"疏："狄即敵也。"

莫（　）貊　《荀子·非十二子》篇"莫莫然"註："讀爲貊。"《詩·大雅·皇矣》"貊其德音"，《禮記·樂記》引作"莫其德音"。

比＝親　此章皇疏引范甯曰："比，親也。"

補也字　皇本有也字。

4.15 土（　）吐　《釋名·釋天》："土，吐也。能吐生萬物也。"

惠（　）憓＝順　《史記·司馬相如傳》："義征不憓。"《文選·魏都賦》："荊南懷憓。"憓即是讀惠者。以上兩文註："順也。"惠，順也。《爾雅·釋言》。

4.17 有＝難　《集解》："何有者，言不難也。"是有有難之義。

禮（ ）之　之古文作㘇，闕脱后，字形与礼（禮之古文）相近，因而致誤。

4.18　立（ ）位　古立、位同字。《春秋》"公即位"作"公即立。"《周禮·春官》："小宗伯之職，掌建國之神位。"註："故書位作立。"

4.19　道＝術　《國語·吳語》"道將不行"註。

　　　＝法術　《左傳·定公五年》"吾未知吳道"註。

　　　謂＝如　《集釋》。

4.22　見志不從句見志句絶　父母不從，表以行動，何須兒女從旁微窺探其意思乎，必不然矣，故應改正。

　　　補而字　皇本有而字。

4.23　在（ ）老　字形相似而誤。

4.25　可＝當　《詞詮》。

4.26　躬（ ）今　同見母字可通。《詩·邶風·谷風》："我躬不閱，遑恤我後。"《禮記·喪記》作"我今不閱"，是其例也。

4.30　數＝近　《家語·賢君》"故夫不比於數而比於疏"註。

卷五　公冶長篇

5.1　紲＝絏　《漢書·司馬遷傳》"幽於縲絏"註："絏,長繩也。"《廣雅·釋器》："絏,索也。"

5.3　無（ ）舞　無讀爲舞。《周禮·鄉大夫》"五曰興舞"註："故書舞爲無。"舞＝侮　《劉子·仲尼》"爲若舞彼來者奚若"註。

5.5　仁（ ）人　唐石經仁字磨改作人。
"不知其人焉用佞"作一句讀　邢疏："不知其仁焉用佞者,言佞人即數爲人所憎惡,則不知其有仁德之人復安用其佞耶。"即將此二句作一句讀。
補也字　皇本有也字。

5.6　吾（ ）启　啟,古文啟字。用宋翔鳳《過庭錄》說。
之（ ）時　時古作旹,从㞢聲。㞢即之字,故之得通時。《易·隨卦》："大亨貞無咎,而天下隨時。"王肅本時作之。是其例也。
信＝任　《漢書·賈誼傳》"信並兼之法"註。

《荀子・哀公》篇："故明主任計不信怒，闇主信怒不任計"註："信亦任也。"

5.8　另爲一章　乘桴浮海並非勇者之事。子路之喜，何遽即斥爲好勇太過哉。另分一章爲是。

材（　）栽　《文選・長笛賦》"栽已當蔃便易持"註："栽或爲材。"

5.10　愈＝勝　《集解》引孔曰："愈猶勝也。"

補俱字　《論衡・問孔》篇引有俱字，《後漢書・橋玄傳》註引亦有俱字，《集解》引包註亦有俱字。

5.11　朽（　）圬　朽，《釋文》："本或作圬。"此本是也。

5.14　加＝遺　《國語・鄭語》"將使候淫德而加之焉"註。

及（　）忣＝急　即急也。《說文》、《廣韻》："急字作忣，从心，及聲。"又及亦可訓急。《釋名・釋言語》："急，及也。操切之使相逮及也。"急可訓及，則及亦可訓急矣。

5.23　及（　）扱　聲近可通。扱＝取　《廣雅・釋詁一》。

寧武子請改祀命　見《左傳・僖公三十一年》。

不答《湛露》、《彤弓》　見《左傳·文公四年》。

殺叔武　見《左傳·僖公二十八年》。

殺元咺，賂晉侯等　均見《左傳·僖公三十年》。

5.26　謂＝如　《集釋》："謂猶如也。謂訓如，猶爲訓如也。"《經傳釋詞》："謂、爲古通用。"

5.28　刪輕字　唐石經初刻無輕字，是也。

施＝著　《禮記·祭統》"施於烝彝鼎"註："施猶著也。"

安＝定　《爾雅·釋詁》。

信＝保　《國策·秦策》："則慈母不能信也。"註："猶保也。"《漢書·五行志上》註。

懷＝勉　懷＝來　《爾雅·釋言》。來，勞來也。

勞來＝勸勉　《墨子·尚賢》："而不相勞來。"《史記·周本紀》："日夜勞來。"《漢書·循吏·龔遂傳》"勞來循行"註。

卷六　雍也篇

6.3　怒（　）努　同聲系字可通。怒，《廣雅·釋詁三》:"勉也。"《方言一》:"猶勉努也"註:"勉努,如今人言努力也。"勉努連語,是《廣雅》之怒即是努字。

過＝從　令狐楚詩:"體澣許過從。"過從連用,是其義同也。

刪亡字　《釋文》:"一本無亡字。"一本是也。

6.4 周＝給　《後漢書・荀悅傳》註。

繼＝益　繼＝續　《說文》。續＝補　《荀子・大略》篇"子謂子家駒續然大夫"註:"續爲補續君之過。"補續二字連用,是二字同義也。補＝益　《漢書・董仲舒傳》"又將無補與"註。

秉蓋一斗二升五合　《儀禮・聘禮》:"四秉曰筥,十筥曰稯。"《聘禮》:"米百筥,筥半斛,設於中庭。"筥半斛乃原註文。一斛十斗,半斛五斗。四分五斗爲秉之數,是五秉爲六斗二升五合也。容積蓋與重量相同。

6.5 九百＝九百斗　蓋周時俸祿之單位爲斗也。古人言祿常不言單位。《史記・孔子世家》:"衛靈公問孔子居魯得祿幾何?對曰:'奉粟六萬。'衛人亦致粟六萬。"亦無斗石之單位也。《索隱》:"若六萬石似太多,當是六萬斗,亦與漢之秩祿不同。"《正義》："六萬小斗計，當今二千石也。周之斗升斤兩，皆用小也。"古人計數不言單位，不獨於斗石爲然，即於錢幣亦是。如《漢書·食貨志》"有仟佰之得"註："佰謂百錢也。今俗猶謂百錢爲一佰。"亦不出單位也。

以 = 用 《廣雅·釋詁四》。

6.6 騂 《周禮·地官·草人》："騂剛用牛"鄭註："地色赤而土剛強也。"

川（ ）人 壞脫之篆文人字與篆文川字相似，加以山人兩字一般讀者不常遇見，不識爲何物，因將山人兩字讀爲山川。

山人 = 虞官，虞 = 虞官，典鳥獸之官。《穀梁傳·莊公二十八年》"虞之非正也"註。賈子禮："虞者，囿之司獸者也。"《左傳·昭公四年》"山人取之"註："山人，虞官。"

舍（ ）予 《隸釋》載魏三體石經《大誥》"予惟小子"，予字古文作舍。二字之可互借，此其例也。

6.9 辭 = 請 《國語·魯語》"魯大夫辭而復之"註。

復 = 白 奏事。《禮記·曲禮上》"願有復也"註："白也。"

删吾字　《釋文》："一本則必在汶上矣。"無吾字，今據删。

6.10　牗＝獄　《水經註·蕩水》引《廣雅》："牗，獄犴也。夏曰：'夏臺。'殷曰：'羑里。'周曰：'囹圄。'皆圜土。"《史記·殷本紀》："紂囚西伯羑里。"《正義》："牗，一作羑。"《淮南·氾論》："悔不誅文王於羑里"註："羑，古牗字。"是牗爲羑之今字也。

亡（　）網　亡可讀罔，而罔可讀網，皆以同聲系之故。《漢書·刑法志》"以死罔民"註："罔爲羅網也。"

6.11　憂＝阸　《呂覽·開春》"君子在憂"註。

6.12　廢＝墮　《左傳·定公三年》："邾子……自投於床，廢於爐炭"註："廢，墮也。"

6.16　而（　）不　依侯說。

宋朝即公子朝　通於宣姜與南子者也。此人雖善淫，但見稱於季札，許爲衛之君子，是其善有足稱道者也。劉寶楠強謂此公子朝爲另一人，且謂杜預註《左傳》未能晰，誤矣。

6.20　樂（　）斅　疊音字。斅＝教　《書·盤庚上》"盤庚斅於民"傳。《說命下》"惟斅學半"傳。

6.22　務＝趣　《說文》："務，趣也。毛曰：'趣，趨也。'"

難（　）勞　劉寶楠曰："唐石刻初刻作先勞，磨改作先難。"按初刻是。

刪仁者兩字　此文義復必有誤。蓋此章舊有兩本。一本作："問仁，曰：'先難而後獲，可謂仁矣。'"一本作："仁者先難而後獲。"校者不察，合抄之耳。今衍仁者二字以求全章文例之一致。

6.23　斆＝學　學＝效　《廣雅·釋詁三》。

6.28　矢＝指　《釋名·釋兵》："矢，指也。"言其有所指向迅疾也。

天（　）夫　天夫二字形近易誤。《陽貨》篇"天何言哉"，一本作"夫何言哉"，是其例也。

厭＝壓　《荀子·彊國》篇"如牆厭之"註："厭讀爲壓。"壓從厭聲，故厭可讀壓。

6.29　庸＝和　《廣雅·釋詁三》，《廣韻》。

至＝極　《史記·春申君列傳》"物至則反"《索隱》。極＝終　《後漢書·儒林傳》註，《呂覽·制樂》"眾人焉知其極"註。極＝窮　《離騷·大司命》"老冉冉兮既極"註。

補能字　《中庸》引有能字。

能＝任　《廣雅·釋詁二》。任猶事也。《周禮·大司馬》"施貢分職以任邦國"註。

6.30　濟＝成　《爾雅·釋言》。

立（　）粒　《詩·周頌·思文》"立我烝民"箋："立當作粒。"朱傳："立粒通。"

粒＝米食　《書·益稷》篇"烝民乃粒"鄭註："粒，米也。"傳："米曰粒。"疏："今人謂飯爲米糂。遺餘之飯，謂之一粒，兩粒，是米食曰粒，用米爲食之名也。"此採朱駿聲之讀法。

卷七　述而篇

7.1　述＝導　述通術，術訓道。《禮記·樂記》"不接心術"註："猶道也。"故述亦可訓道。道可讀導。又述可讀爲誄，誄，《說文》："誘也。"誘亦導也。

信（　）伸　《詩·邶風·擊鼓》："不我信兮。"《釋文》："信即古伸字也。"

7.3 修＝行　《家語·禮運》"講信修睦"註。徙（　）從　徒，高麗本作從。

7.4 燕（　）間　燕，影母字；間，匣母字，同屬喉音，得通轉。

申＝伸　《廣雅·釋詁四》。

夭＝屈　《說文》。

7.8 悱（　）悲　形聲安排之異耳。

7.11 暴（　）搏　暴，並母字；搏，滂母字，同重唇音可通。

馮（　）憑　同聲系可通。

成＝決　採焦循《論語補疏》之說。

7.12 補貴字　《史記·伯夷引傳》引作："富貴如可求。"有貴字。鄭本章註云："富貴不可求而得之，"則其本亦有貴字。

7.13 齊（　）懠，懠＝怒　《詩·大雅·板》"天之方懠"傳："怒也。"

戰＝恐　《詩·小雅·小旻》"戰戰兢兢"傳："恐也。"《廣雅·釋訓》："戰戰，懼也。"《法言·吾子》"見豺而戰"註："悸也。"

疾＝憎厭　《管子·小問》："夫牧民不知其疾，則民疾"註："謂憎厭之也。"

　　　　疾＝嫉　《荀子・不苟》篇"不上同以疾下"註。
7.14　聞＝受　《國策・秦策》："義渠君曰：'謹聞令'"
　　　　註："聞猶受也。"
7.15　爲（　）違　同喻母字故可通。《荀子・臣道》
　　　　篇"故君子不爲也"註："爲或爲違。"是其
　　　　例也。
　　　　違＝恨　《文選・幽通賦》："違世業之可懷"曹
　　　　註："違或作悼。"悼亦恨也。
　　　　賢＝勞　《詩・小雅・北山》"我從事獨賢"
　　　　傳、箋。
7.16　浮＝罰　《禮記・投壺》"無偕立，無逾言，若是
　　　　者浮"註。《淮南・道應》"請浮君"註。
　　　　《小爾雅・廣言》："浮，罰也。"
　　　　雲（　）云　雲从云聲，故可讀云。
7.17　易（　）亦　《魯論》易讀亦。
7.18　雅（　）夏　《左傳・襄公二十八年》"齊大夫子
　　　　雅"，韓非《外儲說右篇上》作"子夏"。夏，
　　　　《說文》："中國之人也。"
　　　　執禮爲句　俞樾讀法，見《論語平議》。
7.19　憤（　）墳　同聲系字故可通。《楚辭・惜誦》
　　　　"發憤以抒情"，憤亦應讀墳。墳借作文。朱駿

聲《說文通訓定聲》塡字條。

以（ ）友　以，有同聲。《唐韻正》古音有讀若以，而有又與友通。《學而》篇"有朋自遠方來"，有字一本作友，是其證也。

7.22　補我字　皇本有我字。

有＝得　兩字通。《玉篇》："有，得也。"《孟子·公孫丑上》"皆有聖人之一體"，《論衡》作"得聖人之一體"，是其例也。

7.24　爲＝有　《經傳釋詞》。

此章句讀必須重定，否則文句重複無味，使人意興索然。

7.28　另爲一章　《釋文》："此舊爲別章。"是也。

約＝窮　《禮記·坊記》"小人貪斯約"註："約猶窮也。"

泰＝通　《廣雅·釋詁一》。

7.29　綱（ ）網　字形相近而誤。王引之《經義述聞》即讀爲網。

7.31　另爲一章　章首脫子曰二字，以內容不相關聯也。

從＝行　《廣雅·釋詁一》。

見（ ）聞　《漢書·溝洫志贊》："多聞而志之，知之次也。"可依據也。鄭本作："多聞而識之，知之者次。"末句文字雖有誤，而見字之作聞字則同於班固所見之本。

7.32 難＝拒　《書經·舜典》"而難任人"傳，讀去聲。

與＝施　《周書·諡法》"愛民好與曰惠"註。《周禮·大卜》"三曰與"鄭司農註："與，謂與人物也。"

言＝教　《詩·大雅·抑》"慎爾出話"鄭箋："言謂教令也。"

甚＝勝　《論語·衛靈公》篇"甚於水火"皇疏。

潔（　）進　《後漢書·郭太符融許劭列傳》註引："孔子曰：'人潔己以進，與其進，不保其往。'"作進是也。今據以改讀。

保＝安守　《大戴禮·保傅》註："保，安守之。"
　＝固守　《左傳·僖公二年》"保於逆旅"註："分依客舍。"疏："固守之語。"

7.34 進＝見　《禮記·月令》"止聲色，毋或進"註："進謂御見也。"御見連用，御亦見義。《禮記·曲禮下》："婦人不當御"註："御，接見也。"

7.36 文莫（　）忞慔　忞慔从文莫得聲，故文莫可讀忞愖。劉臺拱《論語駢枝》云："楊慎《丹鉛錄》引晉欒肇《論語駁》曰：'燕齊謂勉強爲文莫。'"《說文》："忞，強也。"愖，勉也。文莫即忞愖，假借字也。

躬（ ）共　《禮記·緇衣》"匪其止共"，《釋文》："共，皇本作躬。"是躬、共互通之例也。

7.37　云＝有　《廣雅·釋詁一》。

唯＝惟　惟＝是　唯通惟，惟猶是。《集釋》引《文選·甘泉賦》李善註。此本馬說。

7.38　刪病字　鄭本無病字。

補之字　皇本有之字。

久（ ）灸　《儀禮·士喪禮》："冪用疏布，久之，繫用靲"註："久讀爲灸。"《既夕禮》："皆木桁，久之"註："久當爲灸。"《周禮·考工記》"灸諸牆"，《說文》作"久諸牆。"是二字互通也。

灸＝灼　《說文》："灸，灼也。"用火艾燒灼，猶今之用針灸也。

7.40　坦（ ）恒　徐紹楨《四書質疑》引其友某有此讀法，是也。此乃字形相近而誤之矣。

7.42　刪"威而不猛"句　此四字在章中文例不與上下

兩句一律，且意義又與上句重複，蓋是讀《論語》者引《子張》篇"威而不猛"，以釋"溫而厲"者。威釋厲，不猛釋溫。後人不察，一併抄入文耳。

卷八　泰伯篇

8.1　說泰伯事迹　季歷曾於古公之世被立，見《吳越春秋》："古公病將卒，令季歷三讓國於泰伯，而三讓不受。"《左傳·僖公五年》："宮之奇曰：'太伯、虞仲，大王之昭也。太伯不從，是以不嗣。'"杜註："不從父命，俱讓適吳。"

讀"泰伯可謂至德也"爲句　《史記·吳太伯世家贊》就如此讀。

8.3　另爲一章　吳棫《論語續解》以此另爲一章，是也。

章首应補子曰二字　翟灝曰："《漢書·平帝紀》元始五年詔引上二句，師古註曰：'此《論語》載孔子之辭也。'"《禮記·少儀》註、《齊語·

正月之朝》篇註俱引上二句，題孔子曰字。

8.4　吾＝其　《集釋》引《高等國文法》。

8.5　言＝閒　《爾雅・釋詁》。閒＝病少差　《子罕》篇"病閒"，《集解》引孔註："少差曰閒。"

補遠字　以意補，以合全章之文例也。

出＝降　《國語・晉語》"乃出陽人"註。《唐韻正》："古音洪。凡降下之降與降服之降俱讀爲平聲。故自漢以上之文無讀爲去聲者。"

倍（　）俗　字形相近而訛。鄙俗二字可連用。《康熙字典》："鄙，俗也。"

8.7　奪＝亂　《禮記・仲尼燕居》"給奪慈仁"註："奪猶亂也。"

8.8　弘（　）強　章太炎《續論語駢枝》："《說文》：'弘，弓聲也。'後人借強爲之，用爲彊義也。此弘即今之強字也。"案弘之爲強，乃出於書法家之增益、以求字體之茂美者也。

補也字　以意補之。《論語》常有以也字作爲上句之說明者，如"夫子時然後言，人不厭其言也"等，此處亦應是如此。

8.10　"民可使由之"章句讀重點，如此方於理無礙，與孔子精神亦合。《詩・雅・雨無正》篇："云不可使……亦云可使"，可使不可使，古人有此語，參看于省吾《雙劍誃詩經新證》。

8.14 篤（　）督　《左傳·昭公廿二年》"司馬督"，《漢書·古今人表》作"司馬篤"。

督＝正　《爾雅·釋詁》。

信（　）身　《周禮·大宗伯》："侯執信圭。"註："信當爲身，聲之誤也。"

死＝窮　《廣雅·釋詁四》。

善＝修治　《易略例》"故有善邇而速至"註。

8.15 另爲一章　此章與上章文義重複，邦字與天下字又錯出不齊，蓋原是兩章，因章首脫子曰二字而誤被合併爲一者也，章首應補子曰二字。

8.17 師摯（　）思齊　師，審母字；摯，照母字；思，心母字；齊，從母字；故可通。

8.19 不（　）抔　及（　）吸　吸＝飲　《廣雅·釋詁四》。不及蓋即《禮記·禮運》之"汙尊而抔飲"之抔飲也。

8.21 衍"巍巍乎"三字　《藝文類聚·人部四》載孔融《聖人優劣論》曰："苟以爲孔子稱：'大哉！堯之爲君，惟天爲大，惟堯則之。'是爲覆蓋衆聖最優之明文也。"是孔融所見《論語》

無巍巍乎三字也。蓋由上章而衍，今刪之。

補煥字　《魏書》李崇《請修明堂表》曰："孔子稱：'巍巍乎其有成功，郁郁乎其有文章。'"郁郁與煥煥文字雖異，而郁郁作重文，則足證煥乎句最初亦必是重文，今重之。

補也字　《七經考文》曰："一本章下有也字。"

8.22　刪臣字　《釋文》本無臣字。

亂＝吏　亂＝理　馬註。理＝吏　《國語・周語》"行理以節逆之"註。

於＝與　《集釋》引《經義述聞・通說》於字條："《孟子》：'御者且羞於射者比'註：'於，與也。'"

婦（　）五　婦，奉母字；五，疑母字。雖依韻書不能通，但甬上之方音則二字無別也。

九（　）十　字形脫爛而誤。

8.23　另爲一章　《集註》："或曰：'宜斷三分以下，別以孔子曰起之，而自爲一章。'"自爲一章是也。

以（　）猶　《後漢書・隗囂傳》："昔文王三分，猶服事殷。"又《袁術傳》："昔周自后稷至於文王，積德累功，三分天下猶服事殷。"以字皆作猶字。

補孔子曰三字　瞿灝曰："按《逸周書》太子晉解言：'文王三分天下而有其二，服事於商。'知二語非孔子創言之矣。或謂：'此節宜自爲一章。'由《周書》觀之，疑亦如上例。先舉古書成文，而後記孔子論贊之語。欲別加孔子曰字，似宜加於事殷下也。"此言是也。

8.24　盡力（　）致費　《史記·禹本紀》引盡力作致費。作致費則與上文致孝、致美相一律。《史記》所據本是也。

卷九　子罕篇

9.1　與＝說　《淮南·天文》"聖人不與也"註："與猶說也。"

9.2　黨＝智　《廣雅·釋詁三》。

9.4　毋＝無　《史記·孔子世家》正作無字。

9.6　又＝何　《集釋》。

多能句絕　此句結上文"何其多能也"句，故應以多能絕句。

鄙事屬下句　此乃另起之辭。

多（　）侈　《說文解字詁林》多下重文引用《古籀補》：多，古侈字，不從人。侈＝掩　《說文》："侈，掩、脅也。"侈有二義：掩也，脅也，此係其第一義。《公羊傳·僖公二十六年》："齊人侵我西鄙，公追齊師至巂，弗及。其言至巂弗及何？侈也。"何註："侈，猶大也。"非也，此侈字亦即是此章之侈字，應作掩字解。《穀梁傳》："弗及者，弗與也。"范註："弗與戰也。"又："可以及而不敢及也。"范註："畏齊師。"范註"畏齊師"乃將掩字之真情道出矣。掩，有所掩蔽，猶言諱也。

牢（　）聊　同來母字。《漢書·揚雄傳》："《懷沙》一卷，名曰：《畔牢愁》"註："牢，聊也。"

9.7　叩＝發動　本《釋文》。

9.8　鳳鳥（　）雒　雒字左作各，右作隹，各字形似明字，而明為古鳳字，隹與鳥通，故雒一字被拆為鳳鳥二字也。

至（　）出　亦形似之譌。

補書字　《史記·孔子世家》引此作"河不出圖，雒不出書"有書字，應據補。《史記》二句次序顛倒，則不必調轉。

已＝去 《詩・墓門》"知而不已"鄭箋："已猶去也。"

9.10 彌＝極 《文選》張衡《西京賦》"橦末之伎，態不可彌"註。

高＝穹高 《尚書大傳》"五分內以一爲高"註。《禮記・樂記》"窮高極遠而測深厚"註："高，遠三辰也。"

鑽＝下 仰望必舉首，此言其上也，鑽穿必俯首，此言其下也。桂馥《說文解文義證》引《燕書》："烈祖問侍臣曰：'夫口以下動乃能制物，鐵鑽爲用亦噬嗑之意，而從上何也？'申彌答曰：'口之下動上使下也，鐵鑽之用上漸下也。'"上漸下是向下也，故鑽有向下之意。

堅＝剛土。 《九章算術》"穿地四爲壤，五爲堅"註。

瞻（ ）昭 同昭母字。朱駿聲《說文通訓定聲》曰："漢華山碑：'日月星辰所昭仰也。'以昭爲之。《禮記》正作瞻。"

忽（ ）智 《說文》："尚冥也。"《漢書・郊祀志》"智爽"，師古曰："謂日尚冥，蓋未明之時也。"《漢書・司馬相如傳》"曶爽闇昧得耀乎光明"註："曶爽，早朝也。"《微子》篇"仲突、仲忽"，《漢書・古今人表》引作"仲突、仲曶"。

循循然句絕　若以之屬下，則起首四句無着落矣。

循（　）揗　劉文典《三餘札記・淮南子校補》"'循之不得其身'典案：循爲揗叚。"

揗＝摩　《說文》。摩＝研　《說文》。研，窮究也。

誘（　）牖　《詩・小雅・板》"天之牖民"疏："牖與誘通，故以爲導也。""天之牖民"，《御覽・八百十七》作"天之誘民"。"牖民孔易"，《禮記・樂記》作"誘民孔易"。

牖＝導　《廣雅・釋詁三》。

立＝成　《廣雅・釋詁三》。

9.11　死（　）屍　《史記・魯周公世家》："以其屍與之"《索隱》："屍亦作死字。"

屍（　）尸　屍又與尸通。《周禮・大司樂》："屍出入則令奏肆夏。"《釋文》："屍本作尸。"

尸＝陳　《爾雅・釋詁》。

9.12　韞＝匣　《後漢書・崔駰傳》註。

求＝覓　《禮記·檀弓上》"瞿瞿如有求而弗得"疏："猶覓也。"

待＝備　《國語·晉語》"厚篚戒圖以待之"註。

賈（　）沽　漢古經："沽諸，沽之哉。"沽字俱作賈，賈、沽不分。"吾待賈"之賈字亦應讀作沽。

9.13　九夷屬楚之夷也　《史記·李斯傳》："惠王用張儀之計，……南取漢中，包九夷，制鄢郢。"《索隱》曰："九夷即屬楚之夷也。"呂祖謙《大事記》："據《索隱》說，以爲孔子在陳蔡，相去不遠，所以有欲居九夷之言。"其說是也。

9.15　二句倒轉　陶潛《考傳述文》以入句處出句上。

敢＝犯　《廣雅·釋詁四》，干犯之意也。《儀禮·士虞禮》"敢用絜牲剛鬣"註："敢冒昧之辭。"疏："凡言敢者皆是以卑觸尊，不自明之意。"

酒（　）酋　同聲系字可通。

困（　）魁　《魯論》因作魁。

9.18　上下文倒轉　《荀子·宥坐》篇："孔子曰：'如垤而進，吾與之；如丘而止，吾已矣。'"即是此章之文。照思想進程而言，荀子所見之《論語》較此本爲有理，今依而倒轉之。

9.20 進＝自勉強　《禮記·樂記》"禮減而進"註："進謂自勉強也。"＝去惡求善　《公羊傳·隱公元年》"漸進也"註："去惡求善曰進。"

止＝休也　《呂覽·下賢》"亦可以止矣"註。＝息也　《家語·辯政》"匪其止共"註。

9.22 今（）丘　兩字形相似，丘字闕脫，遂誤爲今字。

9.23 語（）禦　同疑母字，且又疊韻故可通。《左傳·桓公十四年》："鄭伯使其弟語來盟。"《穀梁》作禦，是其例也。《史記·東越傳》"禦兒侯"，《正義》："禦今作語。"法禦即法禁。《後漢書·虞詡傳》："法禁者，俗之堤防。"

與＝徐　《鄉黨》篇"與與如也"皇疏："與與猶徐徐也。"

9.26 敝（）弊　弊從敝聲，故敝可讀弊。

9.27 分"不忮不求"以下另爲一章　採孔廣森《經學卮言》之說。

9.30 適＝善　《廣雅·釋詁一》。

9.31 偏（）翩　同聲系字可通。

反（）翻　同敷母字，又同韻，故可通。《漢書·

張安世傳》"反水漿"註:"反讀曰翻。"

卷十　鄉黨篇

10.1　便便（　）辯辯　《史記》作辯辯。

10.3　踧踖＝謙讓貌　《後漢書・東平憲王蒼傳》"每會見踧踖無所措置"註。

10.4　躩＝速貌　皇疏引張熙云:"不暇閒步,躩,速貌也。"

補其字　皇本有其字。

10.5　公（　）宮　同溪母字又同韻。《詩・采蘩》"夙夜在公"之公亦應讀爲宮。

補進宇　《釋文》:"一本作没階趨進。"進,前也。

10.6　色（　）瑟　同審母字可通。

享＝饗　《儀禮・聘禮》:"小聘曰問,不享。"《釋文》:"享本作饗。"饗＝飲　《國語・周語》"王乃淳濯饗醴"註。

10.8　之＝也　《集釋》。

10.10　短字屬上讀。

　　　短（　）裋　同聲系故可通。《史記·秦昭皇本紀》"寒者利裋褐",《集解》引徐廣曰:"一作短。"是其例也。

　　　裋＝布長襦　《漢書·貨殖傳》"裋褐不完"註。《說文》"豎使布長襦", 王筠《說文句讀》裋字條云:"韋昭註:《王命論》曰:'裋謂襦也', 然則裋本長襦而亦有短者, 猶襦下云短衣, 而此又云長襦也。"

　　　＝袍《淮南·齊俗》"裋褐不完者"註:"楚人謂袍爲裋。"

10.12　厚（　）後　同匣母字又同韻。

10.14　殺＝縫　《集解》引王肅:"衣必有殺縫。"殺縫連用, 是殺亦縫也。

10.16　吉（　）告　二字形近而誤。《禮記·緇衣》"尹吉曰"鄭註:"吉當爲告。"此條王氏、俞氏之說。

10.17　齊＝齋　《釋文》:"齊本作齋。"　齋＝絜　《說文》:"齋, 戒絜也。"

10.21　氣（　）餼　惠棟《九經古義》:"氣本古餼字。"詳見惠氏《左傳補註》。

10.22 惟（ ）雖　《集釋》。《左傳·僖公四年》："惟是風馬牛不相及也。"惟即雖字。

惟酒二字倒轉　皇疏可考也。

10.25 删"出三日"三字　此三字係涉上文而衍。鄭註謂："過三日不食是褻鬼神之餘。"則君子所爲應爲此言之反面，不過於三日而食也，何處更得一不字乎？則非將《論語》原文："祭肉不出三日，不食之矣"讀爲一句不可矣。蓋鄭氏原本並不重此三字也。

10.30 於＝以　《詞詮》。

删階字　《釋文》："於阼本或作於阼階。"《釋文》本是也。《經義雜記二》："《禮記·郊特牲》：'孔子朝服立於阼。'"知《禮記》文與古本《論語》同，則或本有階字者非。

10.40 "雖車馬，非祭肉"倒轉　《禮記·玉藻》，《正義》引此章六字上下易置。此俞氏說。

10.42 變＝弁　同並母字可通。《書·堯典》："黎民於變時雍。"孔廟碑變作弁。

10.44 變＝辨　辨通辯，《禮記·喪服四制》註："謂喪事辨所不當共也。"《釋文》："本又作辯。"而辨則通變。《孟子·告子上》"萬鍾則不辨禮義而受之。"《音義》:"辨丁本作變,於義當爲辨。"是二字可通之證也。《禮記·玉藻》:"朝,辨色始入。"此文辨色而作即是彼之辨色。

10.45　烈＝暴　《方言十三》。

10.46　親(　)伸　親,清母字;伸,審母字,可通轉。

10.47　集＝止　《詩·鴇羽》"集於苞栩"傳。

補子字　《文選·七發》註引題子曰字,故以意補子字。

共＝法　《詩·長發》"受小共大共"傳:"法也。"《書·九共序》:"九共九篇。"馬註:"法也。"

嗅(　)戛　《集註》引晁氏曰:"石經嗅作戛,謂雉鳴也。"

卷十一　先進篇

11.1　從＝使　《廣雅·釋詁一》。

11.3　"言語:宰我、子貢。"句移下　《史記·仲尼弟子列傳》政事原列前,言語二人列後,他書亦多如此,這樣的次序較合理,應據一轉。

11.5 間( )聞 二字形似易誤。《左傳‧莊公十五年》傳:"鄭人間之而侵宋。"《釋文》:"間本作聞。"是其例也。

11.8 也=矣 《經傳釋詞》。

11.11 補回字 皇疏引范甯曰:"言回雖以父事我,我不得以子視回。"是范所見之《論語》原文有回字也。釋法雲《翻譯名義集》引孔子曰云:"回也處余如父,余也處回如子弟。"所引即此章,文字雖小異,而亦有回字。

11.12 補神字 《鹽鐵論‧論鄒》引有神字。

補曰字 皇疏本、唐石經皆有曰字。

11.13 侃侃( )衎衎 黃式三《論語後案》云:"侃侃者,衎衎之借字。"《隸釋》漢碑唐扶頌:"衎衎誾誾,尼父授魯,曷以復加。"碑語正用此文。冉有、子貢才智有餘,得勤而樂之象,故曰衎衎。《三國志‧蜀郤正傳》曰:"侃侃庶政,冉季之治也。"亦言庶事康熙之意也。《韓子文集‧韓宏碑》云:"子親孝敬,侃侃自將。"亦以侃侃爲和樂之義也。《朱子文集》等書以冉子，端木子爲剛直有餘，說皆未瑩。

11.14 樂（ ）曰 《集註》引洪氏曰："《漢書》引此句上有曰字，或云：上文樂字即曰字之誤。"或說是也。樂、曰二字同喻母字。古音音樂之樂與快樂之樂同音。

另爲一章 樂既爲曰，則此章之應另爲一章，不必辨矣。

11.15 仍 = 厚 《說文》："訒，厚也。"訒即仍字。

貫（ ）關 《儀禮·鄉射禮》"不貫不釋"，《大射儀》"不貫不釋"鄭註："古文貫作關。"

何（ ）可 何從可聲，故何可讀可。鄭註有"則可也"之言，似亦讀何字爲可字。

11.17 另爲一章 爲子路之瑟而遂不敬之，似出乎常情之外。孔子解釋與鼓瑟之事亦殊無明顯之聯繫，蓋此章本非一事，無用強合也，茲分爲二章。

11.19 子曰二字移上 《後漢書·楊秉傳》"雖季氏專魯"註引文以孔子曰字冠首句上，古文《弟子傳述文》亦以孔子曰字冠首句上，俞曲園疑："鄭本與今本不同，鄭本子曰二字蓋在季氏富於周公之上。"見《俞樓雜纂十三》《論語·

鄭義》此節。

11.20　補子曰二字　《集註》引吳氏曰："此章之首脫子曰二字。"是也。

11.21　屢＝每　《集解》。每＝每事　《詞詮》。

空＝通　《漢書·張騫傳》註引蘇林。

賜（　）使，不（　）彼　石企媚說。

貨（　）為　此處原文當作為。"為殖"，言從事於種植也。後人誤讀為作賵字，即貨字，遂作貨殖講矣。其實此種讀法有問題，子貢可以從事於貨殖，但根據並不在此章。太史公並未引此章，班固始引之，其誤蓋出班氏。

中（　）得　《周禮·地官·師氏》"掌國中失之事"註："故書中為得。杜子春云：'當為得。'"陸德明曰："中，杜音得。"是中可讀得也。《國策·齊策》："是秦之計中"註："中，得也。"《史記·封禪書》"與王不相中"，《索隱》引《三蒼》云："中，得也。"

11.23　論（　）淪　同聲系字。《爾雅·釋詁》："倫，勞也。"郝懿行《義疏》："倫蓋與論同。"人旁可通論，言旁亦可通淪矣。

淪篤蓋即癵篤　漢帝詔書常作篤癵。《後漢書·

光武帝紀六年》：「高年鰥寡孤獨及篤癃無家屬，貧不能自存者，如律。二千石勉加循撫，無令失職。」《明帝十八年詔》：「鰥寡孤獨篤癃貧不能自存者粟，人三斛。」淪可讀癃，雙聲同來母字也。

篤＝困　《後漢書·光武帝紀六年》：「篤癃無家屬」註引《爾雅》。

色（　）瑟　同審母字。　瑟＝矜莊　《詩·淇奧》「瑟兮僩兮」傳：「矜莊貌。」

11.25　畏＝拘　《荀子·賦篇》：「孔子拘匡。」《史記·孔子世家》：「匡人於是遂止孔子。孔子狀類陽貨，拘焉五日。」《禮記·檀弓上》：「死而不弔者三：畏、厭、溺。」鄭註即以孔子畏於匡為證。《通典》引王肅註曰：「犯法獄死謂之畏。」此俞氏說，見《群經平議》。

後（　）候　臧庸《蔡氏月令章句》：「《明堂月令》論《夏小正》傳：陰陽生物之後」，註云：侯通。而侯可通候。候，問候之候也。

11.26　之（　）事　皇、邢疏皆有「異事」之文，蓋兩家本子「之」字皆作「事」字也。其所以致誤者，則以之字照母字，事字牀母字，同屬齒音可以相通也。

止（　）正　　止、正形近易譌。《莊子·在宥》："禍及止蟲。"《釋文》："崔本作正蟲。"即其例也。

11.27　子（　）學　　子乃學之壞字。包註："子羔學未熟習而使爲政，所以爲賊害。"則包所見之本，學字尚未爛闕也。

有＝質　　《廣雅·釋詁三》。質蓋質疑、問難之質也。

惡（　）亞　　《易·繫辭》"而不可惡也"，《釋文》："惡，荀爽本作亞。"《尚書大傳》"鐘鼓惡"註："惡當爲亞。亞，次也。"皆二字通讀之證。

11.28　毋（　）無　　皇本毋作無。

攝＝夾　　俞氏《論語平議》："攝猶篞也。"篞有夾義。

因（　）困　　字形相似而誤。

鼓＝覆　　《說文》："鼓，郭也。"徐鍇曰："郭者，覆冒之意。"蓋即伏也。《釋名·釋姿容》："伏，覆也。"

希＝望　　《後漢書·黨錮傳》"海內希風之流遂

共相標榜"註。又《莊子・讓王》"夫希世而行",《釋文》引司馬註。望＝覸 《廣雅・釋詁三》。覸＝候 《類篇》。

鏗＝突　鏗＝撞　《廣雅・釋言》。鏗,《廣雅》作銵。《玉篇》引此字作摼。撞＝突 《廣韻》。

撰（　）詮　《釋文》引鄭註曰:"撰,讀曰詮。詮之言善也。"

補得字　皇本有得字。

歸（　）饋　《釋文》引鄭註:"魯讀饋爲歸,今從古。"是鄭本作饋,而何本從魯語作歸也。

唯（　）謂　唯同惟,而惟、謂古同音,故可通。

補"之事如"三字　《釋文》:"本或作宗廟之事如會同。"有三字,依補之。

補二相字　皇本小下、大下各有相字。

卷十二　顏淵篇

12.1　由＝輔　《方言六》"燕之北鄙曰由"註:"輔

也。"輔＝助　《廣雅・釋詁二》。

事＝行　《荀子・致士》篇"定其當而當，然後士其刑賞而還與之"註："士當爲事，行也。"

12.2　承＝視　《詩・閟宮》"龍旂承祀"箋："承祀，謂視祭事也。"

12.3　補可字　皇本有可字。

12.4　補可字　皇本有可字。

12.5　憂＝病　《孟子・公孫丑下》"有采薪之憂"趙註："病也。"

失（　）佚　此俞氏說。《群經平議》："失當讀爲佚。《周官・大宗伯》鄭註：'以防其淫失。'《釋文》曰：'失本亦作佚。'"佚＝忽　《說文》："一曰：'佚，忽也。'"

12.6　明（　）昭　宋鮑昭，字明遠，名字即出於此章。《獨斷》："聲聞宣遠曰昭。"參看《經文述聞六》"宣昭義問"條。

昭＝明　《左傳・宣公十四年》"鄭昭、宋聾"杜註。

明＝大　《詩・車舝》："景行行止"箋："景，明也。"疏："明亦大也。"

行＝移　《素問・八政神明論》："行者，移也。"

12.7　無＝不　皇本無即作不。

12.8　"駟不及舌"屬下讀　屬上讀則語氣不貫。

　　　駟（　）四　駟從四聲，故四可讀駟。《詩・四牡》"四牡騑騑"，《儀禮・既夕禮》唐賈公彥疏引四作駟，亦其例也。

　　　及（　）反　及與反形似，古多互誤。《禮記・樂記》"武王克殷反商"註："反商當爲及字之誤。"

　　　反舌＝蠻夷之國　《淮南・地形》"反舌民"高註："反舌民，語不可知而自相曉。一說：'舌本在前反向喉，故曰反舌也。'南方之國名也。"

　　　補也字　皇本有也字。

12.9　用＝食　《荀子・禮論》"貴本而親用也"註："用謂可用食也。"

12.10　崇＝高　《爾雅・釋詁》。

　　　補是字　照下文例以意補。

　　　補辨字　依上文例以意補。辨（　）偏　辨與遍通，《集韻》："偏通作遍。"

　　　富＝美　《國語・楚語》"使富都那豎贊焉"註："富，富於容貌。"富於容貌不即美乎？

12.11　補豈字　皇本有豈字。

12.12　折（　）制　《魯論》折爲制。制＝止　《說文》："一曰止也。"

12.14　居（　）學　《唐文粹》："常仲儒'河中府新修文宣王廟碑'引作：'學之無倦，行之以忠。'"

12.17　以＝而　皇本以即作而。

12.19　就＝定　就＝成　《廣韻》。成＝定　《國語·吳語》"吳、晉爭長未成"註："成，定也。"

　　　　補二也字　皇本有此二也字。

　　　　之＝以　《集釋》。

12.20　質＝重　《漢書·石奮傳》"雖齊魯諸儒質行"註。

　　　　慮＝廣　《廣雅·釋詁二》。

　　　　色（　）嗇　色通歃，《公羊傳·哀公六年》："色然而駭"，《通俗文》："小怖曰歃。"，《春秋傳》"歃然而駭。"是色、歃可通之證也。《廣雅·釋詁二》："歃，縫也。"曹憲音色。今本色字誤入正文。曹氏以色音繢，足見繢、色二音常爲人所通用。歃、繢皆從嗇聲，則嗇之通色亦可能也。嗇，收也。《大戴·小閒》"順天嗇地"註。色、嗇雙聲疊韻字。

12.21 修＝長 《廣雅·釋詁二》。長＝久 《廣雅·釋詁三》。

其（ ）已 《集釋》。

補辨字 依上文例以意補。

12.22 鄉（ ）嚮 皇本作嚮

攻＝伏 《廣雅·釋詁三》。伏＝藏 《廣雅·釋詁四》。

12.23 忠（ ）中 忠從中聲，故中可讀忠。《孝經》"中心"，《釋文》："中本亦作忠。"亦其例也。

自＝用 《經傳釋詞》。

辱＝逆 《管子·侈靡》"辱舉其死"註："辱猶逆也。"

卷十三　子路篇

13.2 舍（ ）予 說見《雍也》篇六章。

13.3 正＝定 《周禮·宰夫》"歲終則令群吏正歲會"註："猶定也。"

言（ ）物 《穀梁傳·僖公十六年》引此句言

作物，茲據以改正。

13.4 刪爲字　《史記·仲尼弟子列傳》無爲字。

"莫敢不用"句絕　如此讀之可與上文文例一律。

用＝聽　《書·多士》："予一人惟聽用德。"《後漢書·馮衍傳》："顧嘗好俶儻之策，時莫能聽用其謀。"皆以聽用兩字連文，是用亦聽也。

情（　）誠　情從青字，誠禪母字。情＝誠《淮南·繆稱》"不戴其情"註。

補圉字　以意補。

13.5 達＝行　《素問·五常政大論》"土疏泄蒼氣達"註："通也，出也，行也。"

能＝任　《廣雅·釋詁二》。

"不能"句絕　如此可與上句偶儷。

專（　）傳　傳從專聲，故專可讀傳。《學而》篇"傳不習乎"鄭註："魯讀傳爲專。"是二字通讀之例也。

傳對＝答問之類　著述之一體。《漢書·藝文志》：禮家有"封禪議對十九篇"，儒家有"河間獻王對上下三雍宮三篇"，雜家有"博士臣賢對一篇"。

13.8 居＝治　《周書·作雒》"農居鄙得以庶士"註。

苟（　）夠　同聲系字可通。陳漢章說，見《論語徵知錄》，在《綴學堂叢稿》中。

富＝備　《說文》。備＝畢　《華嚴經音義上》引《儀禮》劉兆註："備，畢盡也。"

13.12　有（　）欲　有、欲同喻母字，故可通。《孟子·告子上》"生亦我所欲也，義亦我所欲也"，《舊唐書·忠義傳序》欲皆作有，是其證也。《詩·文王有聲》"匪棘其欲"，《禮記·禮器》作"匪革其猶"。《三國志·魏明帝紀》註亦引作"匪棘其猶"。欲之通猶，正如欲之通有也。

世（　）也，隸書世、也二字相似易誤。《太史公自序》："強弱之原，云以世。"徐廣曰："一作云已也。"是其例也。

後＝下　《漢書·鄒陽傳》"後楚王胡亥之聽"註"後猶下也。"

13.15　補可以二字　皇本有可以二字。

13.17　見（　）得　俞氏《曲園雜纂十八》："讀《吳越春秋·勾踐陰謀外傳》'何易見而難使也'樾謹案：見當作得。……得古作䙷，見《說文》，古往往誤作見。《史記·趙世家》'逾年歷歲未得一城'，《趙策》得誤作見，即其例也。"

得＝貪。《後漢書・陳蕃傳》註。

13.18 證＝告 《說文》。

隱（ ）檃 檃從隱聲，故隱可讀檃。檃＝括《說文》。檃括亦作隱括。二字常聯用。何休《公羊解詁序》："故遂隱括使就繩墨焉。"

13.19 處＝常 《呂氏春秋・誣徒》"喜怒無處"註。

13.20 果＝成 本章皇疏引繆協，又《文選・謝宣遠於安城答靈運詩》"幸會果代耕"註引《淮南子》許慎註。

筥＝飯器 《漢書・叙傳上》《音義》引《字林》："筥，飯筥也。"筥，《集韻》："飯器。"

13.21 "狂者進取"二句，記者之解釋。翟灝《四書考異》："《後漢書》引'狂者進取'二句加'又曰'二字別之，章懷註曰：'此是錄《論語》者因夫子之言而釋狂狷之人也。'"

13.29 "朋友切切偲偲，兄弟怡怡"十字，此二句蓋是最初之註文。孔子當時只講："切切、偲偲，怡怡如也"。以其爲習見之語，人知其意，故不必說明。後人則不然，故加註以明之。此劉寶楠說。

13.31 删以字　此章《論語》有兩本，一有以字，一無以字。《白虎通·三教》篇、劉向《新語·閱武》篇引文皆無以字。《後漢書·傅燮傳》、《鄭太傳》、《隋書·經籍志》皆引"孔子曰：'不教民戰，是爲棄之。'"皆無以字。無以字本是也。有以字則不教下尚應有之字，否則其文不完也。

卷十四　憲問篇

14.1 穀＝祿　《集解》引孔說。

14.2 居＝安　《廣韻》。

14.5 夫字上屬爲句　如此二句有餘韻矣。下文"子不答"與"子曰"多例亦可一律。否則一稱夫子，一稱子，太無規則矣。

14.6 仁（　）備　《集解》引孔曰："雖曰：'君子猶未能備。'"是《集解》所用之《論語》仁字原是備字也。蓋字之脫爛耳。韓愈《筆解》曰："仁當爲備字之誤也。"亦有見於此。備＝豐足 《荀子・禮論》"故雖備家，必逾日然後能殯"註。

14.10 分"奪伯氏"以下屬下章 劉寶楠《正義》曰："習鑿齒《漢晉春秋》言：'管仲奪伯氏駢邑三百，沒齒而無怨言，聖人以爲難。'焦氏循《補疏》謂：習氏所引，連下'貧而無怨'爲一章。"連上"管仲"節誤也，而連下則是。今依之。

奪蓋莒邑 《禮記・檀弓下》"齊莊公襲莒於奪"註："隧，奪聲相近。奪或作兌。"蓋敚之省文也，敚，古奪字。

14.12 補孟字 此字以意補。

久（ ）居 同見母字可通。

14.13 以＝此 以通已，已，此也，見《爾雅》。《集釋》引楊樹達《詞詮》。

厭＝足 《呂氏春秋・懷寵》"求索無厭"註。

補也字 皇本有也字。

豈＝冀 《文選・曹子建朔風詩》"豈云其誠"註引《蒼頡篇》。

14.15 正（ ）法 法古文作佱，佱省作正。

14.16 曰＝則 《集釋》。

九（ ）鳩　鳩從九聲，故九可讀鳩。《莊子·天下》"而九雜天下之川"，《釋文》："九本作鳩。"鳩＝聚　《爾雅·釋詁》。

力＝功　《左傳·襄公二年》"是棄力與言"，《釋文》："服本作棄功。"《國語·晉語》"齊侯好示，務施與力"註，"子之力也夫"註，又"吾君將伐智而多力"註："力，功也。"

14.17　諒＝智　《方言十二》："嫚、諒，知也。"（知當讀爲智。）《廣雅·釋詁三》："哲也。"

自＝率　《禮記·雜記上》"客使自下由路西"註。　率＝自　《爾雅·釋詁》。而率＝述《廣雅·釋言》。《易·繫辭下》"初率其辭"侯果註。

14.18　文＝典法　《國語·周語》"有不享，則修文"註。　＝法度　《荀子·禮論》"文之至也"註："文謂法度也。"

14.20　爲（ ）僞　僞，爲也，《廣雅·釋詁三》。僞可讀爲，則爲亦可以讀僞也。僞＝變　《楚辭·離世》"若青蠅之僞質兮"註："僞猶變也。"此章采用《集解》所引馬氏之說。馬氏"爲"字當是"僞"字之訛。

14.21 刪也字 《詩‧鄭風‧褰裳》《正義》引"不敢不告也,君曰:'告夫三子者'"二句時無也字,今據之。

日( )聿 =乃 《集釋》。

之=於 《集釋》。

14.22 犯=範 同奉母字,又同韻。《易‧繫辭上》"範圍天地之化而不過",《釋文》引張註:"犯違猶裁成也。"《列子‧湯問》篇"周犯三萬里",殷氏《釋文》:"犯,一本作範。"犯、範通用,此其例也。

14.23 達=仕進 《孟子‧盡心上》:"君子之志於道也,不成章不達。"趙註:"學必成章乃仕進也。"是達爲仕進也。又曰:"窮則獨善其身,達則兼善天下。"達亦仕進之謂。《文選‧顏延年拜陵廟詩》"晚達生戒輕"李註曰:"達,宦達也。宦,仕也。"是亦以達爲仕進也。

14.28 而( )之 皇本而作之。

14.30 方( )謗 謗從方字聲,故方可讀謗。鄭本方人作謗人。

哉( )我 阮氏《十三經校勘記》云:"高麗本作:'賜也,賢乎我夫,我則不暇。'哉字作我。"案此本是也。皇本此句作："賜也，賢乎我夫哉。"亦有我字。

14.31　其（　）己　皇本作："患己無能也。"

14.33　栖栖（　）翯翯　《莊子·在宥》："而佞人之心翯翯者，又奚足以語至道。"郭司馬云："翯翯，善辯也；一曰佞貌。"栖，心母字；翯，精母字，旁紐雙聲可以相通。

　　佞＝巧　《廣雅·釋詁三》。《說文》："佞，巧讇高材也。"

14.35　直（　）值　《史記·匈奴傳》"直上谷"，《索隱》引姚氏云："古字例以直爲值。"《漢書·酷吏傳》"無直寧成之怒"，《史記·酷吏列傳》作值。值＝措　《說文》。

14.37　"夫子，固有惑"句絕　若連志字讀則與下句文義不貫。

　　志（　）至　同照母字，又同韻。《荀子·正論》："其至意至闇也"註："至意當爲志意。"

14.41　有＝或　《廣雅·釋詁一》："或，有也。"則有亦可訓或矣。《經傳釋詞》："有猶或也"。

　　心＝憂　心，思也；思，憂也。參看《經義述聞》二十七"謀，心也"，二十六"悠傷，憂思也"各條。《集解》:"有心謂契契然也。"
《詩·大東》"契契寤嘆"傳:"契契,憂苦
也。"《廣雅·釋訓》:"契契,憂也。"

厲＝履石渡水　戴震《毛鄭詩考正一》曰:
"《說文解字》:'砅,履石渡水也。'引《詩》
'深則砅',又作濿,省作厲。酈道元《水經
註·河水》篇云:'叚國《沙州記》:吐谷渾
於河上作橋,謂之河厲。'此可證橋有厲之名。
詩之意以淺水可褰衣而過,若水深則必依橋梁
乃可過。……衛詩'淇梁'、'淇厲'並稱,
厲固梁之屬也,足以證《說文》之有師承。"
《論語後錄》亦以許義爲長。某按橋固爲厲,
而過橋亦謂之厲。《說文》"履石渡水"是以
動詞解厲字也。

14.42　諒（　）梁　鄭註《禮記·喪服四制》"高宗諒
闇"註:"諒古作梁。"梁猶曁也。《左傳·莊
公四年》"除道梁溠",謂在溠水之上搭橋也。
梁乃動詞。

陰（　）庵　王船山《四書稗疏》:"諒古作梁,
陰古作闇。……闇,今文庵字,爲浮屠室之
名。以其檐垂地而無牖,故謂之闇。以其草覆

挤而不開戶牖，故謂之庵，其實一耳。"

己（ ）紀　紀從己聲，故己可讀紀。紀＝錄 《文選·東京賦》"咸用紀宗存主"薛註。＝記 《漢書·公孫宏卜式傳贊》註。

14.45　補也字　皇本有也字。

14.46　補求字　依下文"非求益者也"而補。

益＝進益　皇、邢二疏言："求進益之道。"

成＝成人　《禮記·喪服小記》"除成喪者"註。《史記·五帝本紀》"成而聰明"，《正義》："成謂年二十冠，成人也。"《左傳·哀公五年》"不成而死"註："不成，未冠也。"

卷十五　衛靈公篇

15.2　固＝安　《國語·晉語》"國可以固"註。

15.5　恭＝拱　同聲系字故可通。

己（ ）紀＝法　《國語·越語》"四時以爲紀"註："猶法也。"

15.6　"行乎"句絕　哉屬下讀，於上句義不虧，於下句，句相稱矣。

哉（　）在　《書·立政》篇"是罔顯在厥世"，漢石經在作哉。

位＝坐處　《左傳·成公十七年》"矯以戈殺駒伯苦成叔於其位"註。

參＝間厠　《集韻》。

15.7　直　《左傳·昭公十四年》註："以直傷義。"疏："直者唯無阿曲，未能圓通。"

可（　）荷　何从可聲，故可可讀何，而何與荷同。《憲問》篇"荷蕢"，《釋文》："本作何。"

15.9　志（　）智　俞氏《論語平議》曰："志士即智士也。《禮記·緇衣》篇：'爲上可望而知也，爲下可述而志也。'鄭註曰：'志猶知也。'"

15.10　工（　）士　形近而誤。

15.11　樂則韶舞　俞樾《論語平議》："'樂則韶武'者，則之言法也。言樂當取法韶武也。子於四代之樂，獨於韶武有盡美之論。雖盡善，縱有低昂，然尚謂古樂。韶之後即及武，而夏、殷之樂不與焉。可知孔子之有取於武矣。"

鄭聲淫，佞人殆　二句疑是最初之註文，以其能釋上二句之義，近於註體也。其他四句，孔子並無註釋，此二句不應獨異，可知其爲後人所加之註文矣。

15.14 竊＝備　竊＝著　《廣雅·釋詁三》。著＝充　《儀禮·士喪禮》"著組繫"註："著，充之以絮也。"是著爲充也。充＝備　《廣韻》。

15.15 厚（　）後　厚、後通。《莊子·列禦寇》註："怯而靜乃厚其身耳。"《釋文》："厚本作後。"

薄（　）不　《集釋》薄字條註："薄與不古通用。"《說文·糸部》綼下云"不借綼"，《周禮·弁師》註作："薄借綦。"綼與綦同字。

15.18 删"君子"二字　《釋文》本無"君子"二字，《孝經·三才章》疏引無君子二字。有之，則與下文重複。

15.20 世＝身　《辭通·十一真》"没身没世條"："世字古亦讀身。没身通作没世。"《淮南·修務》"侯王懈惰，後世無名"高註："世猶身也。"

15.27 及＝追　《國語·晉語》"往言不可及"註。

15.28 章首補"子曰"二字，另爲一章　此與上章文不相及。翟灝《考異》所謂"二事大小精粗實不與並也，無用強說合之。"此處《論語》多闕脫；上（15.26）章之脫"子曰"亦一證也。

15.29 刪"則"字　《七經考文》曰："足利本無'則'字。"《集解》引孔曰："巧言利口則亂德義，小不忍則亂大謀。"此"則"乃孔所加以解釋原文者。若原文已有"則"字，則吾人殊不能明白其照引原句之理由矣。應依足利本刪則字。

謀＝計　《玉篇》。

15.31 道（　）直　《說文》："古文道从首寸。"而首可讀直。《禮記·郊特牲》："首也者，直也"註："直或爲犝。"（犝。獨也。《穀梁傳·隱公十一年》"犝言"，《釋文》："犝本或作特。"）此章道字疑本爲首字，意思是直，彼人誤以爲道字之闕脫而加辵，因爲道字。《爾雅·釋詁》："道，直也。"

15.34 餒（　）餧　餒即餧之或體，王純碑"粥糜凍餒之患"，餒作餧。《鄉黨》篇"魚餒而肉敗"《史記·孔子世家》餒作餧。《廣雅·釋詁三》，《廣韻》："餧，飯也。"

15.35 另爲一章　若合上章爲一章則文義重複矣。

15.36 及（　）得　草書形似而誤。草書得字如 ⁀，與及極相像。本文下文"雖得之，必失之"，得字即從上文𠔏字而來。又皇疏云："謂人有智識，能任得及爲官位者，故云'智及之'也。"得及兩字無義。及字又何以加得字乎。蓋皇本乃誤合得及兩字之本者，此亦可證及之原爲得字也。

動＝變化　《素問・五常政大論》"其動濡積並稸"註。

15.37　受＝善，猶親也　《國策・秦策》"齊楚之交善"註。受＝親也　《廣雅・釋詁三》。

15.38　於（　）遠　於，影母字；遠，喻母字，可通。就義而說，兩字亦可通。於＝于　《集釋》。而于＝遠　《漢書・景十三王傳》集註。王弼解此章即如此讀。王曰："民之遠於仁甚於遠水火也，見有蹈水火死者，未嘗見蹈仁死者矣。"

15.39　當（　）嘗　同聲系字可通。《荀子・君子》篇："先祖當賢，後子孫必顯矣"註："當或爲嘗也。"是其例也。嘗＝行　《文選・思玄賦》"非余心之所嘗"註。

讓＝辭　《禮記・鄉飲酒義》"拜至獻酬辭讓之

節繁"，辭讓兩字連用，是二字同義也。

於＝以　《詞詮》。

15.41　敬（　）苟　敬、苟同一字，文繁省之別而已。苟，《玉篇》："急也。"此苟與從草之苟字有別。此取俞樾說，見《論語平議》。

15.42　類＝顡　同聲系可通。

15.43　謀＝誨　《古籀補》："古謀字從言從每，與許書誨字相類，疑古文謀、誨爲一字。《說命》'朝夕納誨'當讀'納謀'。王孫鐘：'謀猷如此。'"謀，古文作誨，通規。《國策·齊策》"齊無天下之規"註："規猶謀也"。《後漢書》凡謀多作規。

卷十六　季氏篇

16.1　陳＝計、量　皇疏："人生事君當先量後入，若計陳我才力所堪……"計陳兩字連用，是二字同義也。

能＝善　《荀子·勸學》"非能水也"註。

出＝捐　《呂覽・上農》"不操麻，不出糞"註："出猶捐也。"

龜玉毀於櫝句絕，"中"字連下讀　《三國志・公孫度傳》註引《魏略》曰"龜玉毀於匱，虎兕出於柙"，讀五字爲句，匱下無中字，是中字應連下讀也。

中（　）終　《詩・終南》"終南何有"傳："終南，周之名山中南也。"是中、終兩字可通用之例也。

補更字　皇本有更字。

寡（　）貧　俞氏《論語平議》曰："寡、貧二字傳寫互訛，《春秋繁露・度制》篇引孔子曰'不患貧而不均'，可據以證正。"

補"和不患傾而患不"七字　推下文之意而補。

文＝文辭　《左傳・昭公十三年》："告之以文辭，董之以武師"之文辭也。

德＝教化　《荀子・富國》"不以德爲政"註："德謂教化，使如分義。"

而＝尚　《詞詮》。

守（　）安　字形相似而誤，此承上"則安之"而言，應作安字。

16.4 禄＝田邑 《國語·魯語》"則請納禄與車服而還署"註。

故＝今 《爾雅·釋詁》。

《禮記·郊特牲》云："大夫強而君殺之，義也，由三桓始也。"

16.9 大人＝聖人之有位者 《史記·司馬相如傳》"臣嘗爲《大人賦》"，《索隱》云："張揖曰：'大人喻天子。'"向秀云："聖人在位，謂之大人。"

16.12 不（ ）抔 及（ ）吸 皆見《泰伯》篇。

"吾見其人矣"句移下 《四書考異》："古史《柳下惠傳論》引文'吾聞'句處'吾見'句上。"

以＝能 《集釋》。

16.13 章首補"孔子曰"三字 朱子曰："章首當有'孔子曰'字，蓋闕文耳。"其說是也。

16.14 補二曰字 皇本有第一曰字，第二曰字則推而補之。

補矣字 皇本有矣字。

卷十七　陽貨篇

17.1　歸（　）饋　歸，鄭本作饋。

時（　）伺　《廣雅·釋言》。

寶＝身　《老子》"輕敵幾喪吾寶"註："身也。"
《呂覽·先己》"嗇其大寶"註："大寶，身也。"

與＝待　《後漢書·馮衍傳下》註。

17.4　補游字　《七經考文》曰："古本作：'子游之武城。'"《文選·謝玄暉在郡臥病呈沈尚書》註引《論語》曰："子游爲武城宰，聞弦歌之聲。"文雖有異，而亦有游字。

聞（　）問　同微母字可通。《荀子·堯問》篇"不聞即物少至"註："聞或爲問也。"《禮記·檀弓上》"問喪於夫子乎"，《釋文》："問喪，問或作聞。"是其例也。

17.5　末＝薄　《左傳·昭公十四年》"不爲末減"註。

有＝能　《集釋》："有猶能也。"王弼言："如能用我者。"亦以能解有字。

17.7　入＝納　《國策·秦策》"入其社稷之臣於秦"註。

補曰字　皇本有曰字。

涅＝污泥　《漢書·叙傳下》"涅而不緇"註。

17.8　言＝問　《爾雅·釋詁》。

蔽（　）弊　同聲系字可通。《左傳·襄公二十七年》"以誣道蔽諸侯"，《釋文》："蔽本作弊。"是其例也。荀悅《前漢高后紀·扁鵲》引："孔子曰：'好智不好學，其弊也蕩。'"蔽正作弊。

17.9　興蓋歌也　《周禮·大司樂》："以樂語教國子興、道、諷、誦、言、語。"道、諷、誦、言、語皆是用口之動作，是興亦爲用口之動作也。六種內無歌，興蓋歌也。

觀＝示　觀＝視　《廣雅·釋詁一》。視＝示《莊子·應帝王》"嘗試與來，以予示之"，《釋文》："示之，本亦作視。崔云：'視，示之也。'"示，猶言表演。詩可示，以其有容也，以詩爲舞曲也。《漢書·匡衡傳》"昭穆穆以視之"註："視，讀曰示。""又觀以禮樂"註："觀亦視也。"

群（ ）捃　同聲系字可通。《史記·十二諸侯年表序》："荀卿、孟子、公孫固、韓非之徒，各往往捃摭《春秋》之文以著書。"

怨（ ）訨　同聲系字可通。朱駿聲曰："此字當是齊魯詩《車牽》作'以訨我心'，韓作慍，毛作慰。《釋文》：'慰，怨也。'引韓詩：'慍，恚也。'訨、慍、慰皆一聲之轉。"

17.14　聽＝受　《國策·齊策》"靖郭君不聽"註。

17.15　補不字　《荀子·子道》篇等引有不字。

17.16　也＝者　皇本也即作者。

17.21　補曰字　皇本有曰字。

免＝離　《後漢書·申屠剛傳》"今聖主幼少，始免繈緥"註。

喪（ ）義　《史記·仲尼弟子列傳》喪作義。

有＝乃　《集釋》："有猶乃也。"《韓非子·解老》篇"修之家其德有餘"，《老子》有作乃。

17.24　刪流字　漢石經無流字。蓋涉下《子張》篇"居下流"而衍也。

窒（ ）怪　同聲系故可通。王引之讀如此，見《經義述聞》。

17.26　此章用俞樾《群經平議》說。

卷十八　微子篇

18.5　接＝見　《呂覽·先識覽·知接》"瞑者目無由接也"註。

補而字、也字、也字　漢石經有此三字。

補分字　《史記·孔子世家》有分字。

追＝補　《素問·調經論》"是謂追之"註："追言補也。"

18.6　長＝挾　《廣雅·釋詁四》。

沮（　）鋤　同聲系字可通。

桀＝擔　《左傳·成公二年》："桀石以投人"註。

耦＝合　耦通偶，而偶＝合　《爾雅·釋詁》。

刪行字　漢石經無行字。

補哉字　《三國志·管寧傳》引文有哉字。《七經考文》足利本與下有之字，之字亦哉字也。

18.7　孰（　）熟　熟從孰聲，故孰可讀熟。熟＝知　《呂覽·重己》"此論不可不熟"註；同上《適威》"有無之論，不可不熟"註："熟猶知也。"

行＝還　《呂覽・行論》"使者行至齊"註；同上《貴因》"膠鬲行"註："行猶還也。"

至（　）子　至，照母字；子，精母字，可以相通。至之通，子猶之，之通子也。孟之反即孟子反，介之推即介子推。

補也字　皇本有也字，是故據補。

18.8　朱（　）譸　鄭本朱作侏。侏張即《書・無逸》之"譸張爲幻"之譸張也。譸、朱聲近假借也。

18.10　棄＝放流殺戮　《荀子・王制》篇"不安職則棄"註："棄謂投四裔之地也。"是放流之義也。《釋名・釋喪制》："市死曰棄市。市，衆所聚，與衆人共棄之也。"是殺戮之義也。

卷十九　子張篇

19.1　致（　）思　二字疊韻。此處三句皆作思，首句必無獨異之理，此必以致、思二字音近而誤也。

19.2　弘（　）强　强＝堅　《管子・地員》"赤壚歷彊肥"註："彊，堅也。"

19.6 切＝概 《楚辭・惜賢》"切湍沇之流俗"註："切猶概也。"

19.7 補居字 趙佑《溫古錄》曰："此學以地言,乃學校之學,對'居肆',省一居字。"案居字不可省,此直脫文耳,應補之。

致＝就 《老子》"故致數車無車"註。

19.10 厲＝虐 《玉篇》。

補"其君"二字 《後漢書・李雲傳》"夫未信而諫,則以爲謗己"註引《論語》有"其君"二字。

19.12 游＝浮 《禮記・緇衣》"故大人不倡游言"鄭註："游,猶浮也。"孔疏："游言,謂浮游虛漫之言。"《易・繫辭下》"誣善之人其辭游"疏："游謂浮游。"

過＝甚 《呂覽・順民》"太子之不仁過顚涿"高註。

19.13 優＝裕 《國語・魯語》"獨恭不優"註。 而裕＝餘 《孟子・公孫丑下》："豈不綽綽然有餘裕哉。"餘裕連用是其義同也。

19.15 張（　）根 孔子弟子之相稱總是用名,如"師也"、"商也"之類,並無稱字者。稱字而去二字之一，更爲不能想像，故此章之"張也"，定非子張也。此蓋是申棖，此所言與申棖之性情相合也。申棖性剛，剛則傷恩，故謂"未仁"。若以爲子張容貌修飾務外時多，不能"爲仁"，則語涉虛構，且與《大戴記·衛將軍父子》篇所記："孔子言：'子張不弊百姓，以其仁爲大'"，正相反對矣。

能＝及　《淮南·修務》"不能被德承澤"註。

19.19　散＝不自檢束　《荀子·勸學》"散儒也"註，《荀子·修身》"庸衆駑散"註。

19.20　是＝乃　《集釋》。

"君子惡"句　此坐實紂本性之不善，下句乃出其亡國之事實，如此則兩面都顧到，義不偏頗矣。《集解》引孔氏："紂爲不善，以喪天下。""爲不善"即解此句，而"喪天下"則解下句"居下流"也。

19.23　宮＝圍　吳凌雲《小學說》宮字條："《說文》：'宮，室也，从宀躳省聲。'案宮是室外四周之牆，非室也。《爾雅·釋山》'大山宮小山'註：'宮謂圍繞之。'《禮記·喪大記》'君爲廬宮之'是也。《論語》'譬諸宮牆，'宮'亦圍也。《儀禮·聘禮》：'未入竟，壹肄，爲壇壇畫階，惟其北無宮。'註：'無宮，不壇土畫外垣也。'因思《檀弓下》：'畫宮而受弔焉'是'畫'外垣也。"

官（ ）館　《漢書·賈誼傳》註："官謂館舍"，是讀官爲館也。官爲朝廷治事處。《禮記·玉藻》"在官不俟屨"註。

19.24　以＝此　以與已通，而已則訓此也。

絶＝盡　《文選·鮑明遠還都道中作》"絶目盡平原"註。

19.25　得＝爲　《國語·晉語》"不得政何以逞怒"註："得政，爲政也。"

榮＝樂　《國語·晉語》"非以翟爲榮"章註："榮，樂也。"此俞氏《論語平議》說。

卷二十　堯曰篇

20.1　咨（ ）嗟　《詩·蕩》："咨女殷商。"傳："咨，嗟也。"

20.2 補"湯"字 《程子遺書》曰"少湯字",是也。
簡=閱 《廣雅·釋言》。
20.5 "所重"一讀 古讀如此。
20.6 刪"信則民任焉" 漢石經無此五字,皇本亦無。後人因《陽貨》篇"寬則得眾"下有此句,誤增入耳。
20.7 尊( )遵 遵從尊聲,故尊可讀遵。
"何謂惠而不費"下加省略號 劉寶楠曰:"案'擇可勞而勞之'以下,皆因子張問而答之,不言'子張問'者,統於首句'何謂惠而不費',凡諸問辭,皆從略也。"案謂子張之問,皆"統於首句",此斷無之理,蓋"何謂惠而不費"下,原文留有空白,給以下各句之未記者,後人抄時,與下文連接,遂看不出當初之痕迹矣。今加省略號以表之。

敢( )嚴 郭沫若曰:"金文'嚴'或作'敢'。"見郭著《金文叢考》第一章。

暴=卒、急 《史記·平津侯主父列傳》"故倒行暴施之",《索隱》:"暴者,卒也,急也。"案卒急即猝急。

慢( )漫 同聲系字。

L'Immédiat dans les sciences historiques

Sommaire. — L'intelligence conçoit un objet et l'étudie; cela nous donne deux sciences. Quand elle étudie le présent de cet objet nous pouvons appeler cette connaissance simplement, 《science》; quand c'est le passé de cet objet, nous avons une science historique.

Nous appelons les vérités immuables de la science, des 《immédiats》. Comme ces 《immédiats》 sont des connaissances du présent, peuvent-ils s'appliquer à la science historique?

Cet essai montrera que c'est le même immédiat qui sert de principe d'invention et de certitude dans les sciences historiques.

Descartes a fondé la science moderne. Avec sa conception de l'intelligence il établit tout ce qui est essentiel à la science. D'une part, il exalte dans l'intelligence une faculté vivante de connaître; d'autre part, il nous donne une matière à travailler, matière qui est entièrement connaissable par notre faculté intellectuelle. De plus, après nous avoir signalé les deux éléments constitutifs de la science, Descartes nous donne encore une direction de travail scientifique. En effet, les deux aspects de la science, subjectif et objectif, ne sont pas en balance dans la pensée de Descartes. C'est plutôt le côté objectif qui joue le rôle déterminant. L'intelligence, comme procédé de connaissance, travaille par ses deux facultés: déduction et intuition. Mais pour raisonner d'une vérité à une autre, il faut un point de départ et ce point de départ ne peut être donné par la déduction elle-même. Il vient de l'intuition. L'intuition atteint les natures simples, les vérités indubitables et les liens entre les vérités. Or, ces natures simples et ces vérités ne sont pas de purs concepts que nous pouvons manipuler à notre guise dans les jugements, mais elles ont une existence réelle, en dehors de nous, et qui s'impose à nous. Comme notre faculté de connaître reste identique, sans variation, quelle que soit l'étude qu'elle entreprenne, ce sont, alors, ces existences objectives qui déclanchent et achèvent le processus entier de la science.

Si notre analyse est exacte, nous pouvons dire que l'intelligence scientifique est une faculté mue par son objet et qu'elle se penche sur lui. Il est comme un pôle attractif vers quoi elle tend. Comme cet objet est quelque chose de fondamental et de réel nous pouvons l'appeler immédiat, d'après une terminologie qui est entrée en usage dans la philosophie contemporaine. L'immédiat sert d'abord à définir les sciences et à les différencier. L'idée de matière inerte circonscrit les sciences physiques ou cosmologiques, celle de vie, les sciences biologiques, et celle d'esprit, les sciences de l'humain ou noologiques. Ces idées séparent les diverses sciences, et nous pouvons dire que l'immédiat est le principe de différenciation. Et puisque l'intelligence invente à partir de l'immédiat nous disons qu'il est le principe d'invention. De même, comme science implique certitude, il devient principe de certitude.

Mais jusqu'ici nous avons parlé de l'immédiat abstraitement. Nous avons oublié sa condition primordiale qui est d'être dans le temps. — Comme il n'y a rien au monde qui soit en dehors du temps, nous ne pensons pas que l'immédiat fasse exception. — Ce temps n'est ni le passé ni l'avenir, mais seulement le présent, et la raison en est simple : c'est que, si l'objet n'existait pas du tout dans le présent, nous ne saurions l'étudier. Ainsi la matière inerte, la vie et l'esprit sont du présent. Et si nous prenons un aspect de l'un de ces trois objets comme point de départ pour élaborer une connaissance nouvelle, notre connaissance résultante sera encore dans le présent. Par exemple, un grain de sel que nous tenons dans la main est évidemment du présent, mais si nous le décomposons chimiquement, nous obtenons ses deux éléments, Chlore et Sodium, qui sont toujours dans le présent. Précisons donc notre idée de l'immédiat en disant : c'est l'immédiat du présent qui est le principe d'invention et de certitude.

Ici on nous objectera que si l'immédiat existe dans le présent pour toutes les sciences, cela ne s'applique pas aux sciences historiques. En tant que sciences, les sciences historiques doivent avoir leurs immédiats comme les autres. Mais elles traitent des faits du passé, qui ne sont plus ; leurs immédiats ne peuvent donc exister dans le présent.

Parler ainsi ce serait méconnaître la véritable nature de la science historique et, par là, se méprendre sur la vraie nature de l'immédiat. L'histoire n'étudie pas le passé comme tel, elle étudie le passé de quelque chose, et ce quelque chose doit laisser une trace dans le présent. Ainsi les sciences historiques ne forment pas un groupe indépendant. Elles ne sont que l'histoire des trois groupes d'objets que nous avons énumérés. L'histoire de l'astronomie a le même objet que l'astronomie: les corps célestes. Celle d'une institution sociale a le même objet que la science de cette institution: la famille, par exemple. Par conséquent, il n'y a pas deux immédiats. L'immédiat d'une science historique se confond avec celui d'une science pure, immédiat du présent. Et c'est cet immédiat du présent qui sert là encore de principe d'invention et de certitude, seulement dans le champ historique nous inventons en arrière, en remontant vers le passé tandis qu'en science pure nous nous maintenons au présent.

Voyons d'abord l'histoire du système solaire. Dans le monde savant, on accepte généralement l'hypothèse de Laplace comme représentant assez bien la genèse de nos planètes: la nébuleuse originaire est en rotation. Par suite de l'extrême vitesse un anneau se détache d'elle et, tout en se refroidissant, continue à tourner dans la même direction, devenant lui-même une seconde nébuleuse génératrice de nouveaux astres, parmi lesquels se trouve notre terre. D'où est née cette hypothèse ? Eh bien, ce n'est qu'une extension au passé d'un phénomène mécanique observé dans le présent. Dans un grand verre d'eau placé sur une table tournante, le liquide s'élève à mesure que la vitesse augmente et arrive à être projeté hors du vase. Il est connu que les liquides et les gaz ont un comportement similaire. Frappé de ces faits, Laplace a agrandi, de façon géniale, une observation commune pour l'étendre à l'univers.

On aperçoit donc le rôle du présent dans la science de l'histoire cosmologique. Or, il est aussi évident dans les sciences historiques des êtres vivants. Prenons la paléontologie. Sur la donnée très vague de débris fossiles, Cuvier est arrivé à reconstituer des animaux entiers et à établir leurs habitudes. Avec quelques fragments de squelette il refit le paléothérium en se souvenant des formes semblables actuellement existantes: celles du tapir et du rhinocéros. Partant de similitudes anatomiques: doigts, molaires, crâne, etc., il parvint à le classer parmi les herbivores, du type pachyderme. Et c'est par la loi de corrélation des organes, toujours observée dans le présent, qu'il a pu arriver à cette certitude.

Ce procédé de travail n'est pas seulement exact quand il concerne les deux groupes de sciences dont nous venons de parler. Il a encore toute sa valeur lorsqu'il s'agit des sciences historiques de l'humanité. Permettez-moi de citer ici une étude personnelle.

Vous savez que nous avons en Chine cinq classiques dont l'un est appelé "Tsun Tchiou" (le printemps et l'automne). C'est un livre d'histoire, et, selon Mencius, l'auteur ne fait aucun doute : c'est Confucius. L'effet de ce livre a été considérable à l'époque. On a voulu que cette influence ait eu son origine dans quelques mots employés par Confucius pour noter des événements purement historiques. Par exemple, parlant du meurtre de différents rois, parfois il nommait le meurtrier et parfois il nommait le nom du pays comme celui du criminel : — Le royaume Tchû a tué son roi Tzeû Dji. — Quand le meurtrier était nommé on le tenait comme responsable du crime. Mais quand le pays seul était nommé, on y voyait la culpabilité du monarque lui-même et l'indication d'un pays en révolte punissant son roi indigne. Les seigneurs et les fils rebelles, redoutant d'être désignés trop clairement par la suite, prirent peur et mirent fin à leurs actions déloyales. Or, nous doutons que ce soit là la vraie manière de faire de Confucius. Un tel retentissement pour une si mince cause nous a toujours paru incroyable. Nous pouvons bien concevoir qu'un orateur ou un rédacteur de journal ait une influence très grande sur le public, qu'il l'encourage à agir contre tel personnage ou à défendre tel autre, parce qu'il a un contact direct et réel avec le public. Mais quelle différence dans le cas de Confucius, qui écrivit son livre en secret et ne le publia jamais ! Nous appuyant sur la façon de procéder de nos contemporains nous arrivions bientôt à prouver, en effet, que Confucius n'avait pas écrit le livre de Tsun Tchiou. Il a seulement fait le commentaire de ce livre et des événements de son époque aux étudiants qui suivaient son enseignement. Par là, il a pu avoir cette influence que Mencius a rapportée.

Somme toute, nous pouvons dire que l'étude de l'histoire des choses humaines ne saurait se passer du présent. Adoptons dans toute sa vigueur la formule célèbre de M. Seignobos : "Pour se représenter dans quelles conditions se sont produits les faits passés, il faut chercher par l'observation de l'humanité présente dans quelles conditions se produisent les faits analogues du présent. " — Mais comme nous avons vu plus haut que cette condition est remplie également pour l'histoire de la matière et des êtres vivants, nous pouvons élargir cette formule en disant: " Pour se représenter dans quelles conditions se sont produits les faits passés, il faut chercher par l'observation de la nature actuelle, aussi bien matérielle que consciente, dans quelles conditions se produisent les faits analogues du présent. " La possibilité de ce procédé se fonde sur le fait que la nature tout entière forme un continu en évolution dont les parties se tiennent et se conservent. Elles ne sont jamais détachées, ni sans aucun lien avec ce qui les précède et ce qui les suit. Par conséquent, nous pouvons atteindre les faits du passé par l'étude du présent comme nous découvrons la source d'un fleuve en le remontant.

On continuera à objecter que, pour connaître le passé, il n'est pas nécessaire de partir du présent; on peut partir du passé même. Examinons un instant cette possibilité, dans l'histoire noologique. En Chine, nous avons ce trait célèbre de Tsai-Tseu, ministre du royaume Dji, qui, ayant assassiné le roi, fit tuer successivement plusieurs chroniqueurs parce qu'ils avaient rapporté la nouvelle en le nommant. Il est très possible de conclure alors que le livre de Confucius ait été craint pour une cause semblable, et la vieille théorie est reconstituée, certifiée par un fait du passé. Mais dire qu'un fait passé est certifié par un autre fait passé n'est qu'une manière elliptique de s'exprimer. Le fait passé a besoin d'être inventé et certifié lui-même par un autre fait présent. Le fait passé témoin n'est qu'un intermédiaire entre le fait passé à certifier et un fait présent certifiant. La crainte de Tsai-Tseu a, en réalité, pour fondement de certitude le cas présent, quotidien, où nous voyons des personnages craindre la publicité de leurs mauvaises actions. Etendre cette observation au Tsun Tchiou, c'est donc vérifier par le présent.

On objectera encore: Si le présent est le principe d'invention et de certitude, il en résultera de graves conséquences. D'abord, vous anéantirez le changement dans l'histoire, —ce changement que vous admettez vous-même. Vous retenez ce qui est possible dans le présent et vous rejetez ce qui ne l'est pas. Votre histoire ne sera plus à la fin qu'un tableau du présent. Or, le présent, par sa définition même, représente un laps de temps très limité pendant lequel une évolution sensible ne trouverait guère à se produire. Ensuite, si le présent sert à certifier les faits passés, nous aurons plusieurs certitudes et, par conséquent, plusieurs histoires. Au lieu d'être un principe de certitude il deviendra plutôt de l'incertitude; parce que différents chercheurs peuvent partir de données différentes prises dans le présent. Ils arriveront ainsi à avoir plusieurs histoires au lieu d'une. Vous soutenez que Confucius a fait le Tsun Tchiou à la manière d'un orateur, mais un autre peut soutenir qu'il l'a écrit en historien, profitant de ce que vous avez mis en évidence le fait de ceux qui craignent encore actuellement la publicité de leurs actions. Or, de ces deux histoires vraies, laquelle est à choisir ? Ainsi après avoir aboli le changement, vous abolissez l'histoire même.

Non, notre thèse n'entraîne pas ces graves conséquences. Commençons par le changement. Nous ne pensons pas du tout qu'une fois retenus les faits possibles et rejetés les faits impossibles, le changement historique sera anéanti. Le changement est-il donc solidaire de l'impossible, de l'inexact ? En histoire, il y a deux choses à considérer: ce qui est susceptible de changer et ce qui ne l'est pas. Les comportements de la Nature et la nature humaine elle-même demeurent identiques à travers les âges; seules, leurs manifestations concrètes peuvent varier. Or, notre intelligence atteint d'abord les choses essentielles et elle les prend comme des immédiats à partir desquels l'invention et la certitude peuvent s'établir, mais elle laisse entièrement libres les changements concrets, qui forment la substance même des sciences historiques.

A la deuxième partie de l'objection, nous répondrons que le présent ne saurait être principe d'incertitude, parce que la somme des certitudes ne peut aboutir à leurs contraires. Il importe plutôt de dégager de ces certitudes celle qui est la vraie. Pour le faire, nous n'avons qu'à confronter nos certitudes avec les documents matériels ou écrits qui représentent le passé dans le présent, et nous verrons alors qu'il ne peut y avoir plus d'une certitude appuyée sur le présent qui concorde tout à fait avec eux. Ainsi, c'est en apparence seulement que l'on semble avoir la liberté de choisir. En réalité, le choix s'établit par le poids des documents mêmes. Dans le cas de Tsun Tchiou, notre thèse est l'histoire vraie parce qu'elle réconcilie bien les textes contradictoires de Mencius. D'une part il dit que Confucius a fait le Tsun Tchiou, et, ailleurs, il écrit que le Tsun Tchiou est l'histoire du royaume de Lou, écrite par un historien. Mencius reproduit encore plus loin une parole de Confucius: "J'ai tiré quelque enseignement de cette histoire." De ces contradictions que devons-nous conclure, sinon que Confucius a développé, à la manière d'un commentateur, le Tsun Tchiou écrit par des historiens anonymes? A l'appui de ceci, nous avons découvert que le mot Tsun Tchiou a changé d'extension avec le temps. Originairement ce mot désignait l'histoire et le commentaire réunis. Mais, ensuite, il a été réservé seulement à la partie classique, c'est-à-dire à l'histoire chronologique du royaume de Lou. La thèse commune ne résiste pas longtemps quand on la confronte avec les documents. Nous voyons donc par cet exemple que, de différentes histoires sur l'observation du présent, une seule possède le surplus de garanties qui la met incontestablement au-dessus des autres. Et le travail d'élimination terminé, Nous obtenons bien une histoire unique.

La dernière objection levée, nous espérons que notre

thèse de l'immédiat dans les sciences historiques est ainsi établie.

(Extrait des *Travaux du IXe congrès imternational de philosophie*, V, pp. 27 – 32. PARIS. HERMANN ET Cie, EDITEURS.)

歷史科學的直接材料（譯文）

摘要：當智慧認識一個對象，並加以研究時，這裏產生兩種科學。如果研究的對象屬於現在，這種知識我們可以簡單地稱之爲"科學"；如果研究的對象屬於過去，這就是歷史科學。

我們把科學的永恆不變的道理稱之爲"直接材料"。這直接材料提供的是關於現在的知識，它們也能適用於歷史科學嗎？

這篇論文旨在說明在歷史科學中，用來設想和確定的依據也就是這同一種直接材料。

笛卡兒是現代科學的奠基人。他根據他對智慧的理解確立了科學的根本。一方面，他讚頌智慧具有充滿活力的認知功能；另一方面，他向我們提供可研究的物質，可以被我們的認知功能充分讀懂的物質。笛卡兒在向我們指出科學的兩個組成因素之外，還給了我們一個科學工作的方向。在笛卡兒的思想裏，科學的兩面，主觀的一面和客觀的一面，並不是持平的。是客觀的一面起了比較決定性的作用。智慧在認知過程中行使了兩種職能：演繹和直覺。從一個真理推理出另一個真理，先必須有一個起點，這個起點不能從演繹中得到。而是來自直覺。直覺能達到樸實的本質，確鑿無疑的真理，和真理與真理之間的關聯。可是這些樸實的本質和這些真理不是在判斷中可以任意擺佈的抽象概念，而是真實的存在，不依附於我們而巋然獨存。不管研究的對象是什麼，我們的認知功能始終不變，所以，啟動和完成整個科學進程的就是這些客觀存在。

如果我們的分析是正確的話，我們可以說，科學智慧是一種受客體所驅動，並依靠於客體的功能。客體好像是一個磁極，吸引着科學智慧。由於這種客體是基礎，是真實的存在，我們可以用一個進入了當代哲學辭彙的術語來稱之為"直接材料"。直接材料首先用於範圍和區分各門科學。無生命物質的概念圈定了物理或宇宙科學的範圍，生命概念圈定了生物科學的範圍，精神概念圈定了人文或精神科學的範圍。這些概念區分了各門科學，我們於是可以說直接材料是用來區分的依據。既然智慧進行設想是以直接材料作為出發點，我們又可以說直接材料是設想的依據。同樣地，由於科學意味着確實，直接材料也成了確實性的依據。

直到這裏，我們只是抽象地談論直接材料。我們遺漏了它的首要條件：它要存在於時間之中。——因爲世界上的一切都不能超越時間，我們認爲直接材料也不會例外。——這時間既不是過去，也不是未來，只能是現在。理由很簡單，如果客體不存在於現在，我們就根本無從研究。無生命物質，生命和精神就都是屬於現在的。如果我們以這三類客體之一的某個方面作爲出發點來獲取新知識，由此得出的知識還是屬於現在的。譬如，我們手中有一粒鹽，這明顯是屬於現在，但如果我們進行化學分解，我們得到了兩種成分：氯和鈉，這還是屬於現在的。因此，關於直接材料的概念，可以進一步加以明確，我們可以說：屬於現在的直接材料才是設想和確實性的依據。

　　這裏有人會提出反對意見：如果各門科學的直接材料都是存在於現在，這就應用不到歷史科學上去。歷史科學作爲科學，一如其他科學，也應有自己的直接材料。但是歷史科學處理的是過去的、已經消失的事實；它們的直接材料就不可能存在於現在。

　　這種說法是沒有認清歷史科學的真實性質，由此，也曲解了直接材料的真實性質。歷史不是就這樣研究歷史，它研究的是某事物的過去，而這事物在現在必留有痕跡。歷史科學不形成一個獨立體。歷史科學只不過是我們前面列舉的三類事物的歷史。天文學的歷史和天文學有相同的對象：天體。一種社會組織的歷史和這種社會組織的科學也有相同的對象；譬如家庭。所以，沒有兩種直接材料。一門歷史科學的直接材料也就是一門純科學的直接材料，就是現在的直接材料。而這屬於現在的直接材料也在歷史科學中作爲設想和確實性的依據。只不過在歷史領域裏，我們的設想是往後的，往過去回溯，而在純科學中，我們是維持在現在。

我們先來看一下太陽系的歷史。學術界一般接受拉伯拉斯①的假設，認爲這個假設相當不錯地說明了星球的起源：原始的星雲處在旋轉狀態之中。由於極度的高速旋轉，一個環節脫落了，在冷卻的過程中，繼續向同一方向旋轉，這樣本身就形成了第二團星雲，產生出新的星球，其中之一就是我們居住的地球。這個假設是怎麼誕生的呢？好吧！這只是把現在所觀察到的機械現象引伸到了過去。在一轉檯上放一大杯水，隨着轉速增快，液面不斷升高，最終被甩出杯外。大家知道，液體和氣

---

① 拉伯拉斯（Pierre Simon Laplace，1749—1827），法國天文學家，數學家和物理學家。——譯者註。

體都有相似的表現。拉伯拉斯受這些現象啟發，天才地把日常所見所聞放大、推廣到了宇宙中去。

人們因而看到了現在在宇宙的歷史科學中所起的作用。在生物歷史科學中，現在所起的作用也是同樣地明顯。以古生物學爲例吧。居維葉①根據極爲模糊不清的殘骸化石成功地重新完整組合了動物的軀體，並且確定了它們的生活習性。他根據幾片骨骼碎片複合了貘馬，他的依據就是現在存活的形態：貘和犀牛的形態。他以趾骨、臼齒、顱骨等解剖學上的類同作爲出發點終於把貘馬歸入了厚皮類食草動物。他成功地達到這種確實性就是應用了現在仍被認同的器官相應定律。

這種工作方法不僅用於前面談及的兩類科學中是正確的，用於人文歷史科學中，也是完全有效的。下面請允許我引用一個個人的研究所得。

大家知道在中國有五經，其中之一是《春秋》。這是一部史書；根據孟子，作者無疑是孔子。這部書在當時的作用是巨大的。人們認爲這種影響的根源就在於孔子在記錄純歷史事件時所寫的片言隻語。例如，談到君

---

① 居維葉（Georges Cuvier，1769—1832），法國動物學家和古生物學家。——譯者註。

王被弒殺，有時他點了弒君者的名字，有時只提國名：——"莒弒其君庶其"。——當弒君者的名點了出來，大家就知道這個人是這樁罪惡的責任者。但如果只提國名，人們就看出罪在君王，舉國上下起來造反誅殺了罪孽深重的君王。亂臣賊子們擔心以後會被揭發出來，害怕了，就停止了他們的不光明正大的行為。可是我們很難相信孔子真是這樣行事的。一個如此微不足道的原因能造成這樣轟動的效應，我們總覺得不可思議。一個演說家或者一個報紙編輯能對公衆產生巨大的影響，鼓勵公衆去攻擊某人，或去保衛某人，這我們完全能夠理解。因爲他們和公衆有直接的、真實的接觸。但是孔子的情況是多麼不同！他只是私下著書，且從不發表。如果我們著眼於我們當代人的行爲方式，我們很快就可以成功證明孔子確是沒有寫過《春秋》。他只是向跟他學習的學生們評述這部書，評述時政。他就是通過這個途徑起了孟子所說的那樣的作用。

總之，我們可以說研究人文歷史也不能脫離現在。我們可以完全採納賽涅奧包斯①先生的這個著名的論斷：

---

① 賽涅奧包斯（Charles Seignobos，1854—1942），法國歷史學家。——譯者註。

"爲了設想過去的事件在甚麼情況下產生，必須通過觀察現代人類，找出相似的事件現在是在什麼情況下產生的。"我們在前面談過無生命物質和生物界也是同樣情況，我們因此可以擴充這個論斷，這樣來說："爲了設想過去的事件是在什麼情況下產生的，必須通過觀察現在的自然界，不管是無生命的還是有意識的，來找出相似的事件現在是在什麼情況下產生的。"這個方法的可行性是基於這樣一個事實：整個大自然形成一個進化中的連續體，其各個部分得以並立保存。但絕不是分離的，和前和後都有聯繫。所以我們可以通過研究現在來瞭解過去的事件，正如我們溯流而上達到江河的源頭。

可是有人會不同意，認爲不需要從現在出發，完全可以從過去出發去認識過去。我們且來看一下，在意識領域裏，有沒有這種可能性。在中國有齊國大夫崔杼弒君的這件聞名的事，弒君之後，他又連續殺了幾個史官，因爲他們指名道姓地筆錄了這個新聞。這就很可能使人得出結論：孔子的書被人懼怕也是出於相似的原因。這樣，舊的理論又復原了，因爲被一件過去的事所確定了。但是，說一件過去的事被另一件過去的事所確定，這只是一種省略的說法。過去的事需要通過一件現在的事來加以設想和確定。在需要被確定的過去的事和起確定作用的現在的事之間，那件起確定作用的過去的事只是一個中介。對崔杼的懼怕起確定作用的基礎實際上就是當今人們日常所見到的事：政要們都擔心自己的惡行被曝光。把這個對當今社會的觀察應用到《春秋》，這就是通過現在來確定過去。

還有人會這樣反對：如果設想和確實性的依據是現在，這會產生嚴重的後果。首先，你取消了歷史的變化，——這變化也是你自己所承認的。你保留了現在可能的事，否定了現在不可能的事，你的歷史到頭來只是現在的翻版。而就定義來說，現在只能是一段很有限的時間，其間不大可能發生什麼顯著的演變。還有，如果可以用現在來確定過去的事，我們會得到多種確定，也就是說會有多種歷史，這樣，現在不但不是確實性的依據，反倒成了不確實性的依據了；因為不同的研究者會從取自現在的不同的材料出發。這樣，他們就會寫出好幾種歷史來，而不只是一種。你認為孔子是演說家那樣作《春秋》，另外有人會利用你所強調的當今仍有人害怕自己的醜行被揭露的這個事實，認為他是像一個歷史學家那樣寫作《春秋》。那末，這兩種真實的歷史中，挑選哪一種呢？你取消了歷史的變化，等於取消了歷史本身。

不，我們的論點不會引起這麼嚴重的後果。先從變化說起。保留着現在可能發生的事，否定了現在不可能發生的事，我們絲毫不認爲歷史的變化性這樣就給消滅了。變化難道是和不可能的事和不真實的事聯繫在一起的嗎？歷史上要註意兩點：什麼是會變化的？什麼是不會變化的？大自然的運行和人的本性是永恆不變的；只是各自的表現形式會有所變異。而我們的智慧首先識別的是事物的本質，然後以此作爲直接材料來構成設想和確實性的基礎。至於具體變化是歷史科學的實質內容，智慧是完全不會加以干擾的。

對於這反對意見的第二部分，我們的回答是：現在是不可能成爲不確實性的依據的，因爲多種確實性加起來的總和不可能是相反的東西。重要的倒是從這些確實性中找出真正的確實性。要做到這點，我們只要把我們的多種確實性和現存的記述過去的文獻資料加以核對，從中就可以看出，和這些文獻資料相符合的以現在爲基礎的確實性不可能有一種以上。所以我們的選擇只是從表面上看來是自由的。面對著有分量的文獻資料，選擇其實不由自主就作出了。在《春秋》這問題上，是我們的論點代表了真實的歷史，因爲它把孟子的自相矛盾的話統一起來了。他在一處說：孔子作了《春秋》；在另一處，他又寫道，《春秋》是魯國的歷史，爲史官所寫。在後面，他又引用了孔子的一句話："其義則丘竊取之矣。"從這些前後矛盾的話中，我們不是該得出如下的結論嗎？孔子是像評論家一樣評述了爲無名史學家所著作的《春秋》。爲了支援這個觀點，我們還發現《春秋》這個詞的涵義隨着時間的推移而有所縮窄。起初，這個詞的內涵包括歷史和評論。但後來只指經文部分，即魯國的編年史。流行的觀點在和文獻資料對證之下漸漸地站不住腳了。通過這個例證，我們看到，在不同的幾種以觀察現在爲依據的歷史中，只有一種無可爭辯地優勝於其他幾種，因爲它具備了超額的證據。排除工作結束了，我們就獲得了獨一無二的歷史。

解決了這最後一個反對意見後，我們希望我們關於歷史科學中直接材料的論點得以確立起來了。

（載《第九屆國際哲學會議文獻彙編》，第五輯，27—32頁。巴黎，愛爾曼出版公司）

Deux principes fondamentaux du Confucianisme

Il est deux termes, "Tcheu Tcheū" et "Ko Ou" qui tiennent une place importante dans la philosophie chinoise moderne. Les célèbres philosophes, Tchou Hi, à l'époque Song et Wang Yang Ming, à l'époque Ming, ont donné de ces expressions des interprétations assez discordantes; cependant, malgré les apparences, leurs conclusions concordant au fond, nous pouvons presque dire qu'il n'existe en somme qu'une seule interprétation de Tcheu Tcheū et Ko Ou depuis l'époque Song. Comme ces expressions constituent un noeud vital dans la compréhension du Confucianisme, nous devons les aborder en nous demandant tout d'abord: que faut-il penser de l'explication millénaire qui prévaut toujours?

Citons premièrement ce passage de Ta-Hio, "La Grande Etude", l'un des livres classiques Confucianistes où apparaissent les termes en question. Nous suivons ici la traduction de

F. S. Couvreur.

"*Les anciens souverains, pour faire resplendir les brillantes vertus partout sous le ciel, commençaient par bien gouverner leurs Etats. Pour bien gouverner leurs Etats, ils commençaient par établir le bon ordre dans leur famille. Pour établir le bon ordre dans leur famille, ils commençaient par se perfectionner eux-mêmes. Pour se perfectionner eux-mêmes, ils commençaient par régler les mouvements de leur coeur. Pour régler les mouvements de leur coeur, ils commençaient par rendre leur volonté parfaite. Pour rendre leur volonté parfaite, ils commençaient par développer leurs connaissances le plus possible. Ils les développaient en scrutant la nature des choses.*"

Donner à Tcheu Tcheū le sens de "développer leurs connaissances le plus possible" et à Ko Ou celui de "scruter la nature des choses", aboutit à une conception bien bizarre! En quoi voir là un moyen d'éduquer notre volonté? Notre connaissance de l'eau, par exemple, contribue-t-elle à rendre notre volonté parfaite dans la plus faible mesure? Y parviendrons-nous mieux en connaissant la composinon chimique de cette même eau?

Ne voit-on pas que, suivant une telle méthode, notre

volonté, au lieu de se renforcer, s'éparpillerait? On le constate déjà dans les rapports de la connaissance ordinaire avec l'action. A plus forte raison lorsqu'il s'agit de la connaissance à caractère scientifique, qui, elle, a encore moins de rapport avec l'action. Et bien, non, les expressions Tcheu Tcheū et Ko Ou ne peuvent représenter cela. Il faut que nous trouvions leur signification ailleurs.

Il nous semble que les philosophes de l'époque Song avaient déjà des idées bien arrêtées lorsqu'ils en arrivèrent à expliquer le Ta Hio. Et ils étaient plus soucieux d'exposer leurs propres idées que de chercher le sens véritable des expressions qu'ils rencontraient là. Rien d'étonnant alors que leur exégèse ne puisse nous satisfaire, nous qui voulons apprendre quelque chose de Ta Hio et non y ajouter du nôtre. Nous devons donc faire machine arrière, et commencer par essayer de trouver quel est le sens originel des termes Tcheu Tcheū et Ko Ou.

Selon nous, le mot Tcheū[3], le substantif, signifie en effet la connaissance ou le savoir. Mais le terme Tcheu[4], le verbe, ne signifie nullement "développer le plus possible", mais, au contraire, "arrêter".

L'expression entière Tcheu Tcheū équivaut à : "arrêter la connaissance".

Le mot Ou[5] signifie bien "les choses". Mais le verbe Ko[6] veut dire, au lieu de "scruter la nature de", "mesurer ou évaluer", selon un antique dictionnaire aujourd'hui perdu. Ko Ou nous donne alors : "évaluer les choses", plus explicitement : "évaluer l'importance des choses". Ainsi, nous devons comprendre comme suit le passage de Ta Hio cité plus haut :

"Pour rendre leur volonté parfaite, ils commençaient par arrêter (limiter) leurs connaissances. On arrêtait ses connaissances par une juste évaluation de l'importance des choses". Voilà qui est bien dans la ligne du pensée de notre texte et conforme à la pratique morale.

Pourquoi arrêter là connaissance? Parce que la connaissance est une opération de l'esprit qui peut s'exercer à l'infini si on ne lui met pas un frein. Or, vis-à-vis de l'action il faut qu'il y en ait un. Dans l'action, en effet, nous ne pouvons nous disperser et vouloir quantité de choses. Nous devons choisir, autrement nous n'agirions plus. Une fois la connaissance endiguée, notre volonté peut devenir parfaite, car, ne la laissant pas se répandre, nous pouvons concentrer toute notre attention sur l'objet que nous avons élu. Et comment limiter notre connaissance? Par l'évaluation, selon l'échelle des valeurs. Dès qu'une chose est jugée plus importante que toute autre, elle vient, avec l'effort de notre volonté, supplanter ce qui n'est pas elle.

Sur quoi nous basons-nous encore pour expliquer ainsi Tcheu Tcheū et Ko Ou? Disons d'abord quelques mots de la composition du Ta Hio. Ce livre célèbre comprend plusieurs parties écrites par des auteurs différents. Un texte classique inspiré directement de Confucius et qui forme le thème principal du livre et deux autres fragments que nous appelons le premier et le deuxième commentaires. Ces derniers expliquent la partie classique, mais le second commentaire explique en outre le premier. Il est d'un auteur venu beaucoup plus tardivement. Le passage que nous avons cité plus haut appartient au premier commentaire; or, nous supposons, bien entendu, que ce qu'il y a de fondamental dans les commentaires vient nécessairement de la partie principale. Partant de là, nous ne pouvons pas ne pas constater que notre terme Tcheu Tcheū, du premier commentaire, ne fait que reproduire une expression de la partie classique qui veut justement dire "arrêter la connaissance". Voici les deux passages:

"*Les buts de Ta Hio (c'est à dire du grand enseignement) consistent en trois choses qui sont de faire resplendir en soi-même les vertus brillantes, de renouveler les hommes, et de s'arrêter à ce qui est le plus parfait.*"

"*Sachant s'arrêter, on peut rester fixé. Etant fixé, on peut avoir la sérénité. Dans la sérénité, on peut jouir de la tranquillité. Dans la tranquillité on peut délibérer. Après avoir délibéré, on peut atteindre le but que l'on s'est donné.*"

"Sachant s'arrêter" Tchcū Tcheu^7 et Tcheu Tcheū^1 "arrêter le savoir" ne diffèrent ici que par le rang dans la phrase qui est dû à une raison grammaticale. Connaissance n'étant qu'un synonyme de savoir, "savoir s'arrêter" et "arrêter le savoir", ne sont au fond qu'une seule et même chose. Les mots Tcheu^8 et Tcheu^4 ne se différencient euphoniquement que par une petite nuance de prononciation.

Que souvent ceci est à l'origine d'erreurs dans les livres chinois!

Quant à Ko Ou, cette expression du premier commentaire ne fait que désigner le contenu du troisième et dernier passage de Ta Hio:

"*En toute chose il y a le principal et l'accessoire, et, dans les affaires le commencement et la fin. Savoir disposer les choses par ordre, de la première à la dernière, nous fera approcher de très près la vraie méthode par laquelle on parvient au but.*"

" En toute chose, il y a le principal et l'accessoire". ("Ou^5 iou^9 pen^{10} mouo^{11}". Ou = choses; iou = avoir; pen = principal; mouo = accessoire.) Cette phrase fournit la substance des deux expressions qui apparaissent, l'une dans le premier et l'autre dans le deuxième commentaire. Le premier commentateur ajouta le verbe Ko au mot Ou pour former l'expression "Ko Ou." Le deuxième commentateur ajouta le verbe Tcheū (connaître) au mot Pen (la chose principale) pour former " Tcheū Pen" ^{12}, "connaître la chose principale".

Le passage entier signifie bien que la vraie méthode consiste à établir les choses selon leur valeur. L'auteur du second commentaire donne à ce paragraphe un autre nom. Il l'appelle: "connaître la chose principale". Il s'exprime ainsi :

" Celui qui néglige le principal ne peut régler convenablement les choses qui en dépendent ; Jamais un homme qui soigne peu ce qu'il doit aimer le plus n'a gouverné avec diligence ce qui lui est le moins cher. Voilà ce qu'on appelle connaître la chose principale. Voilà ce qu'on appelle l'arrêt de la connaissance. "

D'ailleurs, que les deux auteurs désignent là un seul et même objet, nous pouvons le prouver de façon tangible.

Les deux expressions "Ko Ou" et "Tcheū Pen" ont chacune pour base, comme nous venons de le voir, un terme de la partie classique précitée. La première, "Ko Ou" en tire le mot "Ou" et la deuxième "savoir la chose principale" en tire le mot "principal". Donc rien ne nous empêche de dire qu'il y a là un objet identique. Mais, par contre, nous ne devons pas prendre "connaître la chose principale" pour "l'arrêt de la connaissance", en prétextant que dans le passage cité du second commentaire nous trouvons les deux termes mentionnés à la suite l'un de l'autre. Ici notre texte signifie simplement qu'il y a relation étroite entre les deux procédés. Au moment où l'on fait une estimation en choisissant le plus important, la connaissance est arrêtée. Les commentateurs modernes qui confondent les deux expressions commettent une erreur sérieuse. Ils négligent de noter un ordre logique dans la suite des termes. Ko Ou vient d'abord et Tcheu Tcheū après.

L'hypothèse que nous avançons ici, concernant Ko Ou et Tchcu Tcheū a également l'avantage d'être conforme à l'esprit même de Confucius. Bien que Confucius s'informât de tout, dans l'action il ne cherchait pas à étendre ses connaissances le plus possible. Parmi les Entretiens Philosophiques, nous lisons : " Ki Ouen Tseu réfléchissait trois fois avant de faire une chose. Le Maître l'ayant appris dit : — Il suffit de réfléchir deux fois. "

Cela montre bien que Confucius préconisait de savoir limiter sa pensée pour agir. Ses Entretiens témoignent encore du prix qu'il attachait au degré d'importance des choses. Dans ses enseignements, il laisse de côté ce qui est d'un caractère exceptionnel ou illusoire et fait partout ressortir ce qui a trait à l'Homme et à la Vie.

Ainsi nous pouvons dire que le grand philosophe incarnait déjà les principes que représentent Tcheu Tcheū et Ko

Ou. Le Confucianisme, malgré ses altérations, a bien en Confucius sa source vive. Il est naturel alors que le Ta Hio, issu de son école, nous restitue quelque chose qui soit proprement lui. Si l'on admet notre conception des termes étudiés ici, on comprend beaucoup mieux, pensons-nous, le Confucianisme. C'esc en effet un système de ce qui doit être et non de ce qui est. C'est une philosophie pratique et non une philosophie théorique. C'est un humanisme, enfin, dans le plus noble sens du mot.

Ce ne sera jamais le scientisme décoloré présenté par Tchou Hi. Malheureusement, toute la philosophie issue de l'époque Song que nous avons aujourd'hui l'habitude d'appeler le " Néo-Confucianisme " tend à nous faire croire le contraire. Le Confucianisme possède son esprit propre comme la science a le sien. L'amalgame qu'en a fait Tchou Hi a eu pour résultat de lui nuire. S'il nous faut doter le Confucianisme d'une métaphysique, nous devons expliciter celle qui est impliquée en son propre fonds. Lui en greffer une, étrangère à sa vraie nature, c'est l'avilir.

Finissons-en donc avec ce prétendu " Néo-Confucianisme " et cherchons un Confucianisme tout court, sans épithète, qui ajoute au patrimoine commun du Monde. Ce sera notre conclusion.

Faisons, dans ce but, appel aux philosophes soucieux de voir l'illustre doctrine dégagée d'une gangue qui l'alourdit renaître avec toute sa force vivifiante.

[1] 致知　[2] 格物　[3] 知　[4] 致　[5] 物　[6] 格
[7] 知止　[8] 止　[9] 有　[10] 本　[11] 末　[12] 知本

(Extracted from *Proceedings of the tenth international congress of philosophy*, vol I, pp. 231 – 234.
AMSTERDAM. NORTH HOLLAND PUBLISHING COMPANY, 1949.)

儒學的兩個基本原則（譯文）

在近代中國哲學中，有兩個詞地位很重要："致知"和"格物"。宋朝的著名哲學家朱熹和明朝的著名哲學家王陽明對這兩個詞作了相當不協調的詮釋；然而，儘管表像如此，他們的結論基本上是一致的。我們幾乎可以說，自從宋代以來，對於"致知"和"格物"，總的來說，只存在一種詮釋。由於這兩個詞對於理解孔子學說構成一個重要的樞紐，我們在進行討論時，首先要問一問：對於這種有千年歷史、至今依然通行的詮釋持什麼看法？

首先我們來引用一段《大學》。《大學》是儒家經典之一，有關的兩個詞就出現在此。下面我們引用 F. S. 古弗勒①的譯文：

"古代的君主，凡要在普天之下彰顯光明的品

---

① F. S. 古弗勒（F. S. Couvreur, 1835—1919），法國傳教士、漢學家、翻譯家。——譯者註。

德，必先治理好自己的國家。爲治理好自己的國家，他們先要整頓好自己的家庭。爲整頓好自己的家庭，他們先修養好自身。爲修養好自身，他們先端正自己的心思。爲端正好自己的心思，他們先使自己的意念真誠。爲了使自己的意念真誠，他們先儘量發展知識。爲儘量發展知識，他們就透徹研究事物的性質。"（下附《大學》原文："古之欲明明德於天下者，先治其國；欲治其國者，先齊其家；欲齊其家者，先修其身；欲修其身者，先正其心；欲正其心者，先誠其意；欲誠其意者，先致其知；致知在格物。"——此爲本文譯者所加，下同。）

把"致知"解釋爲"儘可能發展知識"，把"格物"解釋爲"透徹研究事物的性質"，這就會得出一個非常奇怪的概念。這裏哪裏有使我們意念真誠的方法呢？譬如，我們對於水的知識，能對於使我們的意念真誠有絲毫幫助嗎？當我們瞭解了這水的化學分子式，難道能更好地使我們的意念真誠嗎？

根據這個方法，我們的意念不是得到了加強，反而支離破碎了，這不是顯而易見的嗎？在普通知識和行動的關係上，我們已覺察到了這一點。至於科學知識，那更是如此。科學知識和行動之間更無關係可言了。"致知"和"格物"這兩個詞不可能是這個意思。我們要爲它們另找含義才對。

我們有一種感覺,宋代哲學家們在開始詮釋《大學》之時,他們已經有了牢固的先入之見。他們與其說是給他們所遇到的詞尋找真正含義,不如說他們是想發揮他們自己的意思。因此,他們的詮釋不能使我們滿意,這就一點不奇怪了。我們是想從《大學》裏學到一些東西,而不是想把我們的私見攙和進去。所以,我們應當開倒車,先來找一找"致知"和"格物"這兩個詞的原本的意思。

我們認爲名詞"知"確是"知識"的意思。但是動詞"致"完全不是"儘量發展"的意思,相反,卻是"限止"的意思。

"致知"這個完整的詞等於"限止知識"。"物"字確是"事物"的意思,但是動詞"格"並不是"透徹研究"的意思,而是"測量或估量"的意思。這是根據一本今已失傳的古代字典。"格物"意思就是"估量事物",說白些,就是"估量事物的重要性"。所以,對於上面引用的那段《大學》,應該理解如下:

"爲了使自己的意念真誠,他們先要限止(限制)知識。人們通過正確估量事物的重要性來限止知識。"

這樣才完全合乎我們經文的思路，也符合精神實踐。

爲甚麼要限止知識？因爲求知，不加約束的話，會是一種漫無邊際的精神活動。在行動中，我們的確不能分散精力，要求太多。我們要進行選擇，否則行動不了。知識一旦受到遏止，我們的意念就會變得真誠，因爲不聽任知識四處氾濫，我們可以聚精會神做好我們選定要做的事。然而，怎樣限制我們的知識呢？通過價值等級來進行估量。當某一事物被認爲比任何其他事物更重要，這個事物在我們的意念的作用下就排除了其他事物。

如此解釋"致知"和"格物"，我們還有什麼別的根據呢？我們先說一下《大學》的構成。這本著名的著作包括好幾部分，有不同的作者。一篇直接受到孔子思想啟迪的經文構成此書的主題，另有兩篇我們稱之爲"詮釋一"和"詮釋二"的經文。後兩者註解經典部分，但"詮釋二"還註解"詮釋一"。"詮釋二"的作者在年代上要晚很多。我們前面所引用的一段文字出自"詮釋一"。這樣，我們當然會設想"詮釋"裏的基本內容必定來自主題部分。從這點出發，我們不可能不察覺到"詮釋一"裏的"致知"只是重述了經典部分的一個說法，這個說法的含義恰恰是"限止知識"。請看這兩段：

"大學（即宏大的教育）的宗旨有三：發揚自

己善良的德性，促使民眾自我革新，並止于最完善的境界。"

"知道了止步，才能有確定的方向。有了確定的方向，心緒才能寧靜。心緒寧靜之後，神思才能安穩。神思安穩之後，才能慎重考慮。慎重考慮之後，才能有所收穫。"（"大學之道，在明明德，在親民，在止於至善。知止而後有定，定而後能靜，靜而後能安，安而後能慮，慮而後能得。"）

"知止"和"致知"在句中，只是由於語法上的原因，詞序有別。"知止"和"致知"基本上是同一回事。"止"字和"致"字在語音上只存在細微的發音差別。

中文書中的謬誤往往根源就在於此！

至於"格物"，"詮釋一"中用的這個詞的內涵，《大學》第三也即最後一段就加以闡明：

"凡物都有根本和枝末，凡事都有終結和開始，知道了先後順序，加以遵循，那就更接近達到目的的真正方法了。"（"物有本末，事有終始，知所先後，則近道矣"。）

"物有本末"，這句話和兩個詞的構成有關聯，一個詞出現在"詮釋一"，另一個詞出現在"詮釋二"。"詮釋一"的作者在"物"字前加了動詞"格"，形成"格物"這個詞。"詮釋二"的作者在"本"字前加上動詞"知",形成"知本"這個詞。

整段的意思很明白:真正的方法在於按照事物的價值來對事物進行排列。"詮釋二"的作者還給這段話另一個名字。他稱之爲"知本"。他表達如下:

"一個不重視根本的人是不可能適當地治理好枝末的。一個人對於他應該特別關註的事加以忽略,而對於他不放在心上的事處理得很好,這也是不可能的。這就是所謂知道根本。這就是所謂知識的終極。"("其本亂而末治者否矣。其所厚者薄,而其所薄者厚,未之有也。此謂知本,此謂知之至也。")

此外,我們還可以清楚地證明,兩位作者在這裏指的是同一件事。

我們上面已經說過,"格物"和"知本"兩個詞都從上面引用過的那段經文中抽出一個字作爲基礎。第一個詞"格物"從那裏抽出一個"物"字,第二個詞"知本"抽出一個"本"字。所以我們完全有理由說這裏談的是同一回事。但是,相反,我們不能因爲在引用的"詮釋二"的那段經文中,這兩個詞語前後相繼出現,而把"知本"當作"知之至"。這段文字的含義只是這兩個過程之間存在著緊密的關係。當我們進行估量，選擇出最重要的事物時，知識就到了終極。現代詮釋家混同這兩個詞是一個嚴重的錯誤。他們看不到它們之間存在邏輯的順序："格物"在先，"致知"在後。

我們這裏所提的關於"格物"和"致知"的假設還有一個好處，就是恰恰符合了孔子的精神。

雖然孔子鑽研一切，但在行動中，他並不是無邊無際地鋪展他的知識。《論語》中記載："季文子三思而後行。子聞之，曰：'再，斯可矣。'"

這清楚表明孔子教導人們，爲了行動，要局限自己的知識。《論語》一書也顯示他是多麼重視按級別區分事物的重要性，他的教導中不談怪異或虛無縹緲的事，而處處突出和"人"，和"人生"有關的一切。

所以我們可以說，這位偉大的哲學家本人已經體現了"致知"和"格物"所揭示的原則。儒學儘管受到歪曲，孔子本人還是一個活水源頭。因此，很自然地，出自他的學派的《大學》還能給我們提供一些真正屬於孔子的東西。如果大家接受我們對這裏所討論的兩個詞的理解，我們相信大家可以更好地理解儒學。這是一門探討理想，而不是解釋現實的體系。這是一門註重實際而不是理論性的體系。總之，這是一種具備了最崇高意義的人文主義。

這絕不是朱熹提出的褪色的科學主義。不幸的是，自宋代以降，所有我們今日習慣稱之爲"新儒學"的理論都試圖使我們相信相反的東西。儒學有儒學的精神，正像科學有科學的精神。朱熹把兩者混在一起，結果是損害了儒學。如果要賦予儒學一種形而上學，那我們應該發揮蘊藏在儒學內部的形而上學。給它嫁接上一種和它真正本質不相合的形而上學，那是貶低了它的價值。

讓我們擺脫這所謂的"新儒學"，共同來尋求一種單純的、不帶形容語的、能給世界共同遺產增值的儒學吧！這就是我們的結論。

哲學家們，凡是願意見到這卓越的學說清除掉身上一塊徒增重負的脈石、重新充滿活力地成長起來的，我們懷抱著這個目的向你們發出呼籲！

（載《第十屆國際哲學會議文獻彙編》，第一冊，231—234頁。阿姆斯特丹，北荷蘭出版社公司。1949。）

後記（1）

　　先父毛起幼時在家鄉浙江衢山島讀私塾，學名宗翰。十五六歲時赴寧波進效實中學插班。他十分好學，深受國文老師陳布雷器重，為之改名曰"無止"，取"學無止境"之意。中學畢業升入上海聖約翰大學攻讀哲學，得到校長卜舫濟的青睞，畢業後，保送進美國哥倫比亞大學深造。一年後，為了更好地研究歐洲哲學，研究伯格森，就轉赴法國巴黎大學學習，三年獲碩士學位。此間，先父對於中國古代思想史上的學術問題也從未停止過進行思考。後因奔母喪及兄喪，中斷了留學回國。先任教於廣州中山大學，一兩年後，轉往杭州浙江大學。開設"西洋哲學史"、"邏輯學"等課程。在杭州六七年間出版了《春秋總論初稿》和《諸子論二集》兩本文集。曾托友人國立杭州藝專校長林風眠轉呈蔡元培先生過目。蔡看後對林說："你的朋友很有思想。他下次出書時，我可以為他寫序。"在《諸子論二集》裏，關於《論語》的論文有兩篇："考老彭"和"《論語》的幾個章句"。從這裏已可見到作者思考《論語》的思路軌跡。"七七事變"後抗戰爆發，我們闔家逃離杭州避入上海租界。先父曾試圖隻身奔赴大後方，但因病折回。後受聘於暨南大學。1941年12月，太平洋戰爭打響，日軍佔領租界，暨大停辦，遂蟄居家中，潛心研釋《論語》。自此時起，直至病歿，二十年間，遍查經籍，日夜思索，從未稍息。每有發現，欣喜無比，即與家人友人共享。先父從來認為歷代對《論語》的解釋存在很多問題，他立意要理順《論語》的章句，使孔子回復真實的面目。抗戰勝利後，暨大重開。先父復職後，開設過"儒家哲學"課程，受到好評，不過滬上的親朋好友對他的這部著作有表示讚賞的，也有不表贊同的。這很正常。我們覺得先父對《論語》的眾多獨特創見不應埋沒。今本着"百花齊放，百家爭鳴"的精神整理發表出來。希望能得到海內外廣大讀者的關註，對孔子思想研究能起到一定的推進作用。

由於我們兄弟國學知識非常有限，在整理校對先父的遺稿過程中，必有不少差錯，還望讀者諒察。

上海唐祖論先生、南京張善楨先生和陳效鴻先生為使《論語章句》得以順利問世，做了大量工作，我們在此向他們表示最深切的謝忱。

毛鳳儀、毛鳳仔謹識
2004 年 5 月於上海、廣州

後記（2）

本書第一版於2009年在南京大學出版社出版。當時，排印、校對等工作都做得不夠好，留下一些遺憾。這次再版，力求消除差錯。

《論語章句》是一本不一般的書。對有志於進一步鑽研《論語》的讀者來說，讀起來會有啟迪作用。初學者難免會感到困難。不過初學者如果另備一本譯註本，對照比較，還是會很有裨益，會很感興趣的。

對國學很少關註，所知甚少，幾年前我校對此書，要校好也難。最近才認認真真把它攻讀了一遍，同時也參考了其他《論語》註譯本。

作者在《序》中說："幼習《論語》，自無問題，弱冠以後，迄以得解為苦。一篇之中，未能得其文，未能得其意，與未能得其理者，比比而是，前人之說鮮有能與指示，而使其豁然開悟者，沈悶甚矣。"通過這次攻讀，我也深有同感。

《論語》註釋如停留在字面，不深入，很多地方就看不出所以然，不知所云。又有不合人情的，有不合常理的，還有不合孔子基本思想的。

試舉些具體章節來說明我的感受。

在《雍也》篇裏，有學生問："有仁人掉下井去，其他仁人要不要跟下去呢？"孔子答道："你為什麼要這樣做呢？君子可以叫他遠遠走開不再回來，卻不可以陷害他；可以欺騙他，卻不可以愚弄他。"讀了這一段，覺得莫名其妙，不知孔子之所云。作者對"井"字，別有解釋。

還在《雍也》篇裏，孔子去探望病中的學生伯牛，握著他的手，說："難得活了。"當著面，對病人說這樣的話，這不是很不近人情嗎？

《子罕》篇有句話："三軍可奪帥也。"這似乎是一句很不合常理的話。奪了帥，三軍不是群龍無首了嗎？必然潰敗無疑。作者認為這裏是脫落了一個"不"字，應是："三軍不可奪帥也。"這是一句表示比較關係的狀語從句。和下面的一句"匹夫不可奪志也"組成了一個主從複合句。兩句並不是並列句。"三軍可奪帥也"是一個難以成立的命題，一個假命題。接下去"匹夫"那句也就難以令人信服了。

再者，在《里仁》篇裏，子曰："朝聞道，夕死可矣。"照字面講，這句話很有悖於孔子積極入世的人生觀。"早上得知真理，晚上可以去死了。"這種死不能算是重於泰山吧！孔子自己就沒有這樣做。這句話作為戲言，說得過去。不過最好把開頭改為"子戲曰"。否則豈不是會對讀者產生誤導嗎？

《論語》引起誤讀，原因之一或是在古代，字際假借很常見，文字還沒有規範化。《子路》篇中，"父為子隱，子為父隱，直在其中矣。"一般譯為："父親為兒子隱瞞，兒子為父親隱瞞。直率就在這裏面。"歷史上都認為孔子贊成這種"父子互相包庇"的做法，認為這體現了天理人情之至的孝道與愛子之道，這是真正的直率。本書作者把這裏的"隱"字看作是"檃"字的假借字。孔子的本意是："父子應互相檃括（矯正），問題就可以理直了。"把"隱"字等同於"檃"字，這句在中國思想史上舉足輕重的話就大為改觀。孔子被尊為"萬世師表"也就當之無愧了。

總之，作者註釋《論語》，目的是為了走出"未能得其文，未能得其意，與未能得其理"這三方面的苦悶。他冥思苦索，旁徵博引，汲取了歷代學者的真知灼見。以朱子的《集註》為藍本，校勘考訂。多餘的字圓圈圈掉，增補的字框以方框，相通的字括弧標示，語序調整用「　」號。這比比皆是的有變動的地方可以說都是曾令作者感到困惑不解之處。

作者谢世過早。遺留的毛邊紙底稿共有六本。修改部分都是草體蠅頭小字，密密麻麻，實難辨認。底稿上寫不下的，寫在一片片撕下來的日曆紙的背面，夾在底稿裏。是兄長毛鳳儀做了整理謄清工作。這項工作的艱鉅程度可想而知。沒有他的這番努力，此書不可能問世。

作者出生于浙東一小島，漁鄉。家庭和環境毫無文化底蘊。他深感做學問要有幾代傳承才好。他曾希望我們兄弟入讀中文系。清經學家高郵王氏三代是他心目中的榜樣。兄長到了中年，於工餘時間研讀起經書。我終究沒有入門。遑論傳承。感悟來得太晚。我相信，年輕的人們一代代成長起來，一定會倍加珍惜我們祖國源遠流長、博大精深的傳統歷史文化，引以為榮，引以為傲，並在創新中加以發揚光大！希望在他們身上！

趁這次重版的機會，作者發表在第九、十屆國際哲學會議上的兩篇論文就附在書後，配以拙譯。第一篇談到了《春秋》的作者是否孔子的問題。第二篇討論了《大學》裏"格物致知"這句話。關於這句話，現在大家都有了共識，意思是："窮究事物，拓展知識，"有很科學的涵義。但在當時，是不是這個意思呢？《大學》

所關註的更應是人文哲學，而不是自然科學吧！那時，人們恐怕還沒有什麼科學觀念。作者認為這句話裏的"致"其實是"止"的意思。止知為了靜心。這也是一條顛覆性的意見。不過作者的意圖只是想還原這句話的本意，並不是想反對後人們賦予這句話的科學精神。

毛鳳仔

2016年10月記於廣州

白雲山西麓　廣外校園寓所